领导
角色与艺术

杨平◎著

中国财富出版社

图书在版编目（CIP）数据

领导角色与艺术/杨平著.—北京：中国财富出版社，2014.7
（企业成长力书架）
ISBN 978-7-5047-5210-9

Ⅰ.①领… Ⅱ.①杨… Ⅲ.①企业领导学 Ⅳ.①F272.91

中国版本图书馆 CIP 数据核字（2014）第097542号

策划编辑	姜莉君	责任印制	方朋远
责任编辑	苏佳斌　姜莉君	责任校对	杨小静

出版发行　中国财富出版社
社　　址　北京市丰台区南四环西路188号5区20楼　**邮政编码**　100070
电　　话　010-52227568（发行部）　010-52227588 转 307（总编室）
　　　　　010-68589540（读者服务部）　010-52227588 转 305（质检部）
网　　址　http：//www.cfpress.com.cn
经　　销　新华书店
印　　刷　三河市西华印务有限公司
书　　号　ISBN 978-7-5047-5210-9/F·2157

开　　本	710mm×1000mm　1/16	版　　次	2014年7月第1版
印　　张	13.75	印　　次	2014年7月第1次印刷
字　　数	197千字	定　　价	35.00元

QIYE CHENGZHANGLI SHUJIA

企业成长力书架

编委会

序 言

角色管理是门艺术

“可以不识敌，但要识己。”意思是说，你可以不知道敌人是谁，但是要知道有敌人的存在。在这之前，你首先需要搞清楚几个问题：“我是谁”？我处于什么样的位置？我到底该干什么样的事情？

作为领导者，一定要有这三个层面的思考。如果你连自己是谁都不知道，甚至不知道自己应该扮演什么角色、做什么、怎么做，你又有什么资格和条件当好一名领导呢？

许多领导者不解：领导位置我已经坐了很多年，怎么会不知道自己是谁呢？再说，作为一个领导，上有大老板，下有小员工，每天除了要拍老板马屁，还要照顾一众员工的情绪，哪儿有那么多时间去想别的事情？

如果你这样回答，恰恰说明你正需要彻底进行一次角色管理。

首先，你没有时间思考自己是谁，说明你还不清楚这个问题的答案。尽管领导者的时间有限，并常常处于尴尬的境地，但你是否想过，你上有老板，下有员工，这正说明你的重要性，企业不能缺少你而独立运转。或许，你只有这么想，才会积极面对角色管理的窘境。

其次，坐在什么样的位置，就要做好这一位置职责范围内的工作，并力求做到最好。如果你不知道在自己的位置上应该做些什么，结果该做的事情一件没做好，不该做的事情又前功尽弃，只能说明你的角色已经严重错位，而这也将导致你管理上的“失职”。

事实上，在现实中，我们不难发现企业领导者的“错位现象”，例如，工作长时间没有起色；眉毛胡子一把抓；老板不满意，下属怨声载道，等等。正因如此，许多领导者陷入了必须要跳出来的危险境地。

为了帮助各阶层领导者迅速解决上述问题，笔者凭借多年的实践经验，对领导角色与艺术进行了深刻的解读，并总结出了领导者最应该修炼好的七大角色。

本书在结构上共分为上、下两篇。上篇站在解读的视角，向读者开门见山地阐明了领导者为什么要进行角色管理、如何成功实现领导角色艺术的转变、领导者角色转换不力有何迹象以及如何成为一名受欢迎的领导者。下篇从实践出发，为领导者总结出了七大角色，即领导者、思想家、开拓者、演讲家、工程师、慈善家和艺术家，从而协助领导者有针对性地进行角色管理。

在内容上，本书结合了现代职场中经常会遭遇到的一些突发事件，列举了大量身边人的真实故事，并对其进行了详细分析。同时引经据典地列举了大量史实，用事实说话，既生动又形象，使内容更具针对性。

有些领导者认为，既然已经当了官了，为何还要扮演这样那样的角色，难道领导必须修炼成一级演员才行？其实，角色管理实际操作起来并不像想象中那样复杂。领导者不仅仅是一个带头人，更应该是一个让人尊敬的大艺术家、一个令人心服口服的演说家、一个让众人需要的慈善家。如果一个领导者不能“身兼数职”，使角色多样化，管理好自己应扮演好的角色，就难以服众。

因此，本书的目的便是教会广大领导者认识自己——不仅知道你是谁，还应该知道在各种各样恶劣的环境下你应该是谁，应该做什么、怎么做。当然，本书并不是一味地说教，而是逐一对领导者的各种角色进行分解、分析，通过不同章节讲述了各种角色类型的领导者应有的职责，通过思维引导的方式帮助领导者扮演好自己的角色。

如果你对此没有异议，那就请开启本书，伴随本书的阅读旅行，提升你的管理力！

作 者

2014 年 3 月

目 录

上篇 领导者与角色艺术解读

下篇 领导者七大角色艺术修炼圣经

领导者与角色艺术解读

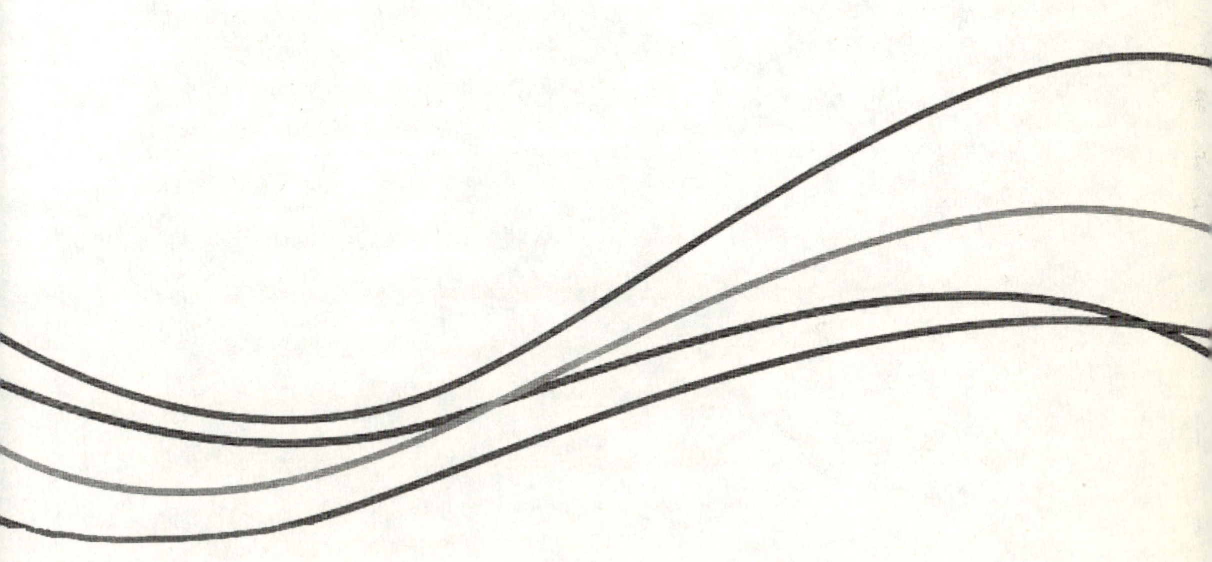

第一章 领导者为什么要进行角色管理

适合的领导者是“稀缺资源”

当今是一个领导人才供不应求的时代，适合的（也可以说是与企业匹配的）领导者供给严重满足不了需求的现象随处可见。新经济、全球化、组织结构等多方面的冲击，使管理的任务发生了很大的变化，我们经常听到许多企业人感慨：“我极缺一个强有力的领导！”“我的部门领导简直就是一个诸侯王，真想换掉他！”诸如此类的抱怨不得不让我们质疑，难道领导者很少吗？

事实上，领导者不少，但适合的领导者并不多。可以说，现如今适合的领导者已是“稀缺资源”。

所谓适合，包括两层含义：有适合的技能；领导者的类型适合。

而企业需要的是适合的领导者。但是，在现实中，为什么有些领导者不适合？

究其原因，在于很少有企业对领导者的绩效真正感到满意。根据威斯康星大学管理学院的一项研究显示，仅有50% ~65% 的领导达到了绩效考核标准，具备继续任职和晋升的基本条件，并且，仅有的50% ~65% 的领导也未必全部符合晋升的要求。我们不禁要问：“是什么原因导致这些领导者不适合呢?”

1. 领导者不能令企业满意的主要原因

归根结底是由于大部分领导者没有确立与领导者角色相应的工作价值观，没有搞清与角色相应的工作职责及缺乏相应的管理能力。具体包括以下几个方面：

（1）缺乏工作所需的知识和技能

按领导者的职业生涯通路来看，领导者大多由明星员工晋升、由领导者晋升。这些领导者因为原有职位业绩突出得到晋升，但由于管理的层级不同，需要的知识和技能也不相同，特别是时间管理能力要求越来越高。所以，人们经常会看到晋升到高一级职位后的领导者根本不知道工作该如何开展，每天忙得团团转，工作还乱糟糟。要解决这一问题，必须对其进行培训、指导和开发，使其成为合适的领导者。

（2）不能明确地理解上级对他们的期望

这实际上是由于领导者没有搞清楚自己的工作职责，按管理层级，每级管理都有它的管理边界和相应的职责，领导者完成了职责，绩效目标自然会实现。因此，要使领导者正确地理解上级的期望，关键是要搞清工作职责。

（3）缺乏发挥最大潜能的态度和动机

这一方面直接影响到领导者绩效。态度决定行为，动机决定行为的质量，那么消除这一致命原因，靠苦口婆心的思想教育以改变态度就可以达到目的吗？可能你自己的心里也发虚。那怎么改变其态度和行为呢？追根溯源，态度是由价值观决定的。因此，要改变领导者的态度和动机，首先要帮助他们树立正确的工作价值观。

2. 领导者如何进行角色管理

要解决适合的领导者“短缺”问题，领导者首先要从自身下工夫。正

如古人所言："人非生而知之。"领导者也有个成长、成熟的过程，这也是领导者为什么要进行角色管理的原因之一。

（1）尽快找准角色定位，实现角色转换

这一点尤其重要。刚从被管理者提升为管理者，领导者必须认清自身的角色定位，及时转换角色。其中最重要的有两个方面，即从做事者转换为管理者，从专业员工转换为公司的管理层。如果成功地实现角色转换，并及时去做，你就会成为一个受欢迎的领导者。

首先，从做事者转换为管理者。亲力亲为地做事是一线员工的角色要求，领导者也正是因为正确理解了一线员工的角色定位并成功实现角色职能而得到提拔。但作为领导者，角色赋予的职能不仅仅是做事，更重要的是管理职能。因此，在心理预期上，领导者（尤其是新上任的）必须放弃"做事者"的角色。要时刻记住，作为领导者的你是通过别人一道完成工作的管理者。换句话说，领导者最重要的角色不再是简单的执行性的工作，而是如何使管理工作顺利进行。

其次，从专业员工转换为公司的管理层。因为专业能力突出，你得到晋升，这是对你业绩的肯定。但被提拔为领导后，如果在工作技能上没有按照管理者角色要求提升自己，仍抱守"专业技能"的话，你就可能不是一个合格的领导者。

在工作内容上，领导者最应放弃的就是对技术性工作的直接负责。相反，确保所有人通过共同的协作来完成任务，是领导者的重要职责，这就是作为公司管理层的管理角色职能。领导者必须放弃故步自封的陈旧经验，更新管理知识和技能，提升自己作为管理者角色的执行力。

最后，角色转换的关键是工作价值观。对任何角色来说，确立正确的工作价值观都是非常重要的，它直接决定了领导者的态度、行为和工作业绩。因此，要想成为一个受欢迎的领导者，必须切实从根本上而不是表面上实现工作价值观的转换。

（2）尽快提升自我

提升自我是一件非常艰苦的工作，不仅意味着你要学习很多新的东西，更意味着你必须放弃许多过去引以为豪和带来成就的东西。领导者作为明星员工从一线提拔上来，公司很可能没有给你足够的准备时间，没有给你提供相应的管理技能培训。但这些都不是你不能胜任管理工作的理由，要记住，公司衡量工作好坏的标准是业绩，这是无条件的。因此，领导者必须尽快提升自己，这样才能成为一个受欢迎的领导者。

首先，领导者应正确评价自己的弱点。你能够晋升为领导者是因为你的上司认为你已经具备了获得成功的本领。也可能是，他在长期观察和考核中发现了你这个人才，也可能是因为你某方面业绩突出，让他做出这样的决定。但不管出于什么样的原因，如果过分依赖那些曾经给你带来过辉煌业绩的经验的话，结果可能是致命的。正确评价自己的弱点，就是要求一个人能客观地剖析自己，实事求是地认识自己，发现自己工作中的盲点，并按照领导者的角色要求，及时提升自己的薄弱环节，使自己成为左右手都能善用的合格领导者。

其次，采取措施弥补弱点。发现自己的薄弱环节后，就应该想办法弥补这些弱项。这里提供三个基本的工具：自律、团队建设、倾听建议和忠告。为弥补自己的弱项，你应该强迫自己花时间去应付那些关键性事务，而不能逃避，尽管这些事务可能是你不感兴趣的，也可能不是主动跑到你面前来的；还有就是积极地在组织内部寻找那些有能力解决这些关键事务的人才，他们可以成为你的后盾，你也能从他们那里学到东西。

最后，倾听建议和忠告，这样可以使你超越自己娴熟的领域。

卓越领导者必须达到的角色要求

领导者不是只告诉别人怎么干的人，其自身也需要达到角色要求。尤其领导者在明确自己的工作价值观后，就应该根据相应的工作价值观认清自己的工作职责。工作职责是领导者必须做到的，如果没有去做或做得不好，那么无论你付出多少，你也不是一个合格的领导者。

当然，领导者也无须被这一系列工作职责吓到，“我怎么会有这么多的事情呢”？的确，这些工作职责是责无旁贷的。领导者之所以“高高在上”，就是因为你要比其他层次的领导者“多”做事。具体包括以下几个方面：

1. 制定实现组织目标的总体战略

关于总体战略的重要性，哈佛大学教授迈克尔·波特曾有过精辟的论述：“一些领导声称，世界变得太快，他们的公司难以有长期战略。但我说，战略比以往更重要。”

古人云：“人无远虑，必有近忧，”“凡事预则立，不预则废。”这里的“远虑”“预”，指的就是我们常挂在嘴边的战略问题。一个企业如果没有适应组织发展方向的总体战略，就会像在大海中迷失方向的小舟随波逐流，最终舟毁人亡。

所谓战略，就是根据企业所处的内外部环境，制定出可以超越竞争对手的发展模式，并且根据这一模式来调配自身的实力和资源，达到有效竞争。领导者要履行好这一职责，就必须掌握战略制定的技能。这一技能对领导者非常重要，不仅需要技术，而且需要勇气、胆量和前瞻性眼光。

2. 传达组织战略并指导部门领导者制定部门战略和目标

在领导者制定出合适的总体战略后，战略的实施就显得异常重要了。作为战略的制定者，领导者必须透彻、完整地向下属传达战略，取得建立在归属承诺上的服从，而不是简单地下达指令。在此基础上指导部门领导者制定各部门的具体战略和目标。这是战略实施的根本，是领导者的一项重要工作职责。

正确传达战略并不是简单地把战略告知部门领导者，简单告知只是命令，难以建立归属承诺。要使部门领导者真正理解组织战略，并激发其内心完成战略目标的决心，需要在充分沟通的基础上，告诉他们战略“是什么”，且必须讲清楚“为什么制定这一战略”和战略实现“会达成什么样的结果”。只有部门领导者充分理解并认可战略制定的基础和战略实施的结果，他们才能建立归属承诺，在接受目标时才会心甘情愿。

在指导部门领导者制定部门战略目标时，领导者必须从公司的整体利益出发，协调各个部门之间的利益关系。切记不能横加干涉，将自己的个人意志强加给部门领导者，你可以指导但不要插手部门领导者的业务。新上任的领导者往往受着强烈的诱惑想插手下属的工作，因为这些工作都是他们以前擅长的“乐事”，并且业绩突出。某位领导者在指导下属制定部门战略目标时，曾经说：“看着他们茫然的样子，我真想让他们站一边去，自己亲手来做。”许多领导者都有着这样的冲动，但合格的领导者必须抑制住这种冲动。因为，即使你能很有效地把这些事情做好，也并不代表你的领导工作做好了。

3. 监督与控制部门目标执行情况

组织整体战略目标分解后，就是各部门的战略目标。领导者完成了目标分解任务后，还要重视监督和控制各部门目标完成情况。如果没有与之

匹配的监督控制机制，部门目标就难以融合为整体目标。领导者在指导部门制定好恰当的战略目标之后，监督和控制部门目标的具体执行应是其重要工作职责。

监督、控制部门目标并不是一件容易的事，需要领导者掌握相应的技能才能监督到位、没有盲区，做到既控制得住，又不越位、混乱。

4. 培育与管理组织核心竞争力

领导者要重视培育和管理组织的核心竞争力。这是领导者重要的工作职责。领导者要完成这一职责并非易事，它不仅需要领导者正确判断组织的资源和能力，还需要对企业外部环境和趋势做出准确判断和把握，在此基础上管理组织核心竞争力，并采取措施加以培育。具体可以这样做：

（1）以企业的核心技术和核心产品为切入点

企业的核心技术和核心产品是企业竞争优势的具体体现。对于企业来说，它比最终产品的竞争优势更有价值。领导者在培育企业核心竞争力时，要对自己的核心技术和核心产品做出判断：我的技术与别的同类技术相比有何独特之处？我的技术领先性如何？我的产品优势在哪些方面？我的产品和技术有可能被替代吗？如果这些问题均能得到肯定的答案，就可以作为核心竞争力来构筑。

（2）建立一支结构合理的管理及技术队伍

正如我们无数次强调的那样，优秀的领导者是企业核心竞争力的根本，你的技术再先进、产品再合理，如果没有强有力的管理，竞争优势也难以发挥出来。因此，无论你的企业的技术、产品是什么水平，建立一支结构合理、战斗力强的管理及技术队伍都是必需的。

（3）培养敏锐的市场洞察力和超前意识

企业要想在竞争中取得不败的市场地位，必须随环境的变化进行变革。培育核心竞争力的目的是使企业在长期发展中具有竞争优势。领导者作为企业核心竞争力的培育者和管理者，必须具有敏锐的市场洞察力和超前意识，对未来市场的变化做出前瞻性预测，还要根据环境的变化调整战略，这对领导者来说也是很重要的。

领导者角色的心理学解读

从心理学的角度来看，角色被定义为处于一定社会群体中的人所具有并表现出来的持续、稳定的心理结构与行为模式。深入分析，可以看出无论处于哪种级别的领导者，都必须对角色进行认知，存在角色期待和心理契约，表现出角色行为，体现出角色的同一性和角色冲突。明白如下关于领导者角色的心理学解读，相信你会更进一步、更专业地进行角色管理。

1. 角色知觉

角色知觉是指人们对自己所处社会情境中应该做出什么样的行为反应的认识。

2. 角色期待

我们总是按照别人对我们的期待行事，别人对我们的期待也会导致我们对于自身同样的期待，这种存在于印象之中对一种角色的根深蒂固的印象，就是角色期待。角色期待与角色定位之间存在一定的偏差，领导者要正确认识你所处角色的角色期待，不能以固有的角色定式约束自己的手脚，或找不准角色应该有的定位。

3. 心理契约

与角色期待相对应，不同的角色之间都有相应的心理契约存在，这种

心理契约高于明文规定的制度规范引起的工作、人际关系，是人们对“我做了什么，应该得到什么”的心理期望。如果心理契约中蕴含的角色行为没有得到满足，就会引发矛盾和冲突。因此，领导者在发挥角色职能时，在工作职责上要关注心理契约方面的需求，在双方或几方之间找到平衡点，使彼此的期望达成一致。

4. 角色行为

领导者在角色位置上实施管理职能，具体体现在一定的行为上，如监督、指导、激励等，这种行为就是角色行为。由于领导者角色的复合性和交叉性特征，领导者在不同的角色中必然表现出不同的角色行为。角色行为是判断领导者角色定位及角色职能发挥的重要标志。

5. 角色的同一性

一个人对自己的角色知觉与他的角色行为之间能够保持一致，称为角色的同一性。一般来说，如果领导者意识到自己的角色，他就会做出与这个角色相称的行为，但在特殊情况下，二者未必会一致。如果一个人能够意识到环境条件需要他做出重大改变时，他会迅速改变自己的角色行为。比如说，一名普通员工在通常情况下总会与同事保持良好的关系，但如果得到提升，成为一名领导者后，他会很快降低自己与同事之间的关系水平，而转向与公司的管理层建立良好的关系。如果不幸又被降职的话，那么他的态度又会随之发生改变，开始倾向于同自己原来的朋友恢复关系。那么这个员工在角色定位与角色行为上就具有一致性。

6. 角色冲突

当领导者需要同时扮演多重社会角色时，就可能产生角色之间、角色知觉与角色行为、心理契约与角色期待等各方面的矛盾，这些矛盾就是角色冲突。领导者在其职业生涯发展中，由于社会角色的不断变化，会经常遇到角色冲突。角色冲突会带来两方面影响：一方面是有利的影响，领导者在感到角色冲突时会采取行动来调整自己的角色行为，使自己尽快摆脱原来角色的影响而适应新的角色；另一方面是不利的影响，角色冲突会使人体验到强烈的紧张感和挫折感，在角色调节不利的情况下，会产生不良的、消极的后果。

种种迹象表明，领导者要想成为一名成功的领导者，必须找准角色定位。

当一个人对自己的角色缺乏明确的认识，无法在自己的角色上有效扮演符合企业对自己所寄予的角色期待的时候，不但当事人自己会面对角色遗失的困扰，就连企业和员工亦不会认可你的角色，从而服从你的领导。

通过角色定位提升竞争优势

竞争优势是竞争性市场中企业绩效的核心，在市场竞争日趋白热化的今天，竞争优势的重要性空前重要。

1. 优秀领导者是企业竞争力的核心

自从哈佛商学院教授迈克尔·波特提出竞争力概念后，包括人力、物力、财力、技术、品牌、声誉，甚至人际关系等各类资源都曾经被纳入竞争力来源的视野，也都曾经在某一时期被业界奉为圭臬。

如果说上述这些因素是企业竞争力来源构成之一，肯定没有任何疑义，但要说这些因素就是竞争力，或者说某一因素就是企业竞争力，再进一步说，这些因素可以单纯构成企业竞争力的话，这样的观点就值得商榷了。毫无疑问，竞争力必然地由这些因素构成，但这些因素要成为真正意

义上的竞争力，发挥出竞争优势，肯定离不开领导者管理职能的发挥。

人力资源优势要形成竞争力，离不开科学、正确的招聘、任用、培训、开发、激励，以充分调动人力资源的主观能动性。那么谁来识人、用人、考核、激励呢？当然是领导者才能行使这一管理职能。

自然资源、资金要变为竞争力，没有独特的战略眼光和高明的运作技术是难以实现的。而战略制定和资本运作正是领导者和财务领导者的职责，缺少了领导者的智慧和管理，纵然资源再优越、资金再充裕，也不能变为资本，更不会成为竞争力。

专有技术要成为竞争力，需依托两个途径，一个是你的技术永远不落后，另一个是你的产品不会有替代品。随着技术发展、更新的速度越来越快，作为商品是不可能没有替代品的。这就是说，如果没有持续不断的技术创新，专有技术也很难保持先进性，更不能成为竞争力。因此，专有技术也需要不断创新，而技术创新源恰恰是领导者对技术创新战略实施和技术创新人才的管理。

知名品牌、业界声誉本来就是领导者多年经营的心血，如果一个企业没有好的战略、合适的人才、优秀的管理，很难说会有什么知名品牌和业界声誉。要使这些继续发扬光大，成为企业竞争力，当然离不开领导者的呕心沥血。

2. 优秀领导者是企业竞争优势的组织者和缔造者

企业要想在竞争中获胜，具备竞争力是一个前提，但具有竞争力却未必一定能有竞争优势。那什么才是竞争优势呢？迈克尔·波特指出：竞争优势归根结底来源于企业为客户创造的超过其成本的价值。价值是客户愿意支付的价钱，而超额价值产生于以低于竞争对手的价格提供同等的效益，或者所提供的独特的效益补偿高价而有余，即成本领先和标新立异。

要成本领先，就必须在不降低产品或服务质量的前提下，千方百计降低成本。而要降低成本，就需要精细管理。要精细管理，就需要各级领导者制定、贯彻好成本领先战略。

要标新立异，就是你的产品和服务要独特，要能足够地吸引客户的眼球，或是速度，或是功能，或是价格。而其中的每一方面独特都需要敏锐的洞察力、较好的灵活性和始终的一贯性和创造性。这些如果没有优秀的领导者是不可能实现的！

可见，优秀领导者是企业竞争力的核心，是企业竞争优势的组织者和缔造者。若没有优秀的领导者，任何其他可能成为优势的资源都是废物。领导者出色的管理才能和管理到位是企业永不枯竭的竞争优势。

第二章 如何成功实现领导角色艺术的转变

转变身份——由个体转向集体管理者

领导者到任后，会发现原先让自己成为明星业务员的专业技能已不再是最重要的工具和解决问题的手段了。随着职位的提升，领导者所持有的价值观、被赋予的工作职责、应该且必须面对的环境都发生了根本性变化，自己不再是单纯地被别人管理，而是要去管理别人，这些现象都表明：你的角色必须转换！

多数领导者都是由一线员工提升而来的，他们曾经是业务精通的技术人员或业务人员，但是，当他们被提拔上来作为管理者后，就开始了职业生涯的一个关键点。无论是对个人还是对组织，晋升是对出色业绩的承认，也是将人才输入管理层的一种方式。但从个人到领导者的历程往往是一段艰难苦旅，一段原本有前途的职业生涯有可能在中途夭折，尽管他们作为个人很有资质。这其中的关键是他能否成功地实现角色转换，把自己同化为全新的领导者角色。

找准角色定位，根据新角色要求及时、成功地转换角色是非常重要的。在足球赛场上，角色错位是要严惩并坚决纠正的；同样，在公司中角色错位或模糊定位也会导致严重后果：对组织会引起管理混乱、效率低下、产出降低；对个人可能意味着你的领导者职业生涯将被扼杀。

首先，你需要完成的是身份转变：由个体转向集体管理者。

要真正实现角色转换，不只是获得能力和培养关系那么简单，其根本在于价值观的转变。要实现明星员工从思考、工作、评价整体过程的意义深远的转变，价值观必须首先转变。只有这样，才能彻底实现由一个个体贡献者到管理者的身份变革。

1. 身份转变

从专家和实干家（直接从事专门化的工作，以业务为特征）转变为通才和日程设定者（组织和协调不同的工作，包括设计、人员、生产和谐组织，以管理性强为特征）。

从个体参与者（主要靠个人努力把事情做好，以相对独立为特征）转变为网络建设者（通过他人，包括可以正式向其行使权力的下属，把事情做好，以相互依赖性强为特征）。

2. 转变身份的同时要转变观念

从“我去做”到“让合适的人用正确的方法去做”是被管理者和管理者的本质区别。

领导者大多是业务员出身，对组织的贡献是以个人的方式实现的，依赖的是个人的专业和经验，属于“一线员工”，“我去做，并把事情做好”对他来说是最重要的。但升任领导者后，“我去做”就应该让位于“我让谁去做”和“如何把事情做好”，必须摒弃凡事我去做、事必躬亲的价值观，把“通过他人完成工作”看作这一职位重要的事情。

某领导者说：“与过去担任基层员工最大的不同，就是现在的工作必须依靠自己的下属。我的下属就好比是汽车的汽缸，我必须让所有汽缸顺利地运作，如果其中有任何一个出了差错，车子就无法开动。”

3. 建立社会联系

领导者工作的特点是高度的相互依赖性，为实施领导者角色赋予的职能，需要在横向和纵向上建立信任、公开的沟通渠道。因此，建立社会联系就应该成为领导者要做的重要事情。

尽管作为一线员工，一定的社会联系也是必要的，但因为在很大程度上他们是自主独立地工作，社会联系是否健全和渠道是否畅通，并不是第一重要的。但作为领导者，作为一个管理者，社会联系就是必需的、第一位的，必须以经理人的身份待人行事，有效建立与维护关系网。因此，领导者必须在价值观上进行根本转变，不能把它看成可有可无，而要把建立社会联系当作重要的事情去做。

转变工作重心——由做业务转向做管理

从一线员工提升为领导者，意味着领导者将面临从做业务到做管理的蜕变。

管理是一个实践的过程。没有一个人天生就具备管理者的眼光、经验和基本知识，即使是学了理论知识，也不能说明他就真正能做到有效的管理。从做业务到做管理，角色转变首先是一个循序渐进的学习过程，不是一蹴而就的。

管理指的是通过其他人，并与其他人一道有效能地、高效率地完成任务的过程。做管理，领导者就要站在日程设定者的角度上思考问题，必须开阔眼界认识业务的整个背景，且能够制定长远目标，以应对工作过程中可能遇到的各式各样的挑战。

我们知道，一线员工的主要目标就是设法完成自己的即期目标。而作为领导者，要在完成即期目标的同时，注重人员的发展和效率的提高。领导者们常说："我看到的不仅是一棵棵树木，更重要的是整片森林。"

从熟悉的业务领域转换到生疏的管理领域，这的确是领导者面临的一项挑战。因此，领导者要注重对时间、人事及业务方面的管理，要平衡公司的预期与业务预期，做到综观全局，点面俱全。

从做业务到做管理，领导者必须认识到专业知识已不再是自己工作的重心，而掌握管理技能和通过他人实现目标的能力才是考虑的重心。

1. 管理工作和纪律

从被管理者到管理者的一个根本转变是从"自律"到"不仅自律而且律他"，也就是说，作为领导者不仅应做到自律，而且要把管理工作和纪律作为自己分内之事加以重视。

一个一线员工，遵守规章制度，做好分内的工作是重要的，也是无可指责的。但领导者如果仅仅自律，不对工作统筹安排，不制定相应的规章制度，不花时间与员工沟通以解决问题，不对违纪员工进行处理，那他的团队就会乱套，就会成为一盘散沙，说明他没有发挥领导者职位的作用，没有搞清楚这一职位应该做什么。

管理者之所以成为管理者，是要发挥管理职能的。因此，领导者必须以管理员工工作和纪律的身份出现，制订部门工作计划，制定规章制度，监督、考核、指导、控制成员活动以确保部门目标的实现。这是领导者的重要工作内容之一。

2. 管斗争：合理解决冲突

作为一线技术或业务员，可以把焦点只放在自己身上。一旦被提升为领导者后，焦点就不再是凸显自己的成就，而应关注整个部门。作为部门的团队领袖，领导者必须与不同的部门、不同的下属、不同风格的上级打

交道，以建立多元化的工作关系。工作关系的复杂化和人际关系的扩大化增加了冲突的频繁度，因此，领导者必须学会正确认识冲突，并有效化解冲突。

某领导者说：“我就像是一个协调者，必须同时平衡我的下属的权益以及公司的需求，并在实现企业的目标与维护下属的权益之间求得平衡。要知道完成个别工作目标并不困难，困难的是我得必须同时达成相互冲突的目标。”

团队是不同个体成员的结合体，由于各自利益的不完全一致，在工作中产生冲突是不可避免的。团队工作中存在着四对斗争力量：接受个体差异与接受一致性和目标、鼓励支持与鼓励对抗、注重业绩与注重学习和发展、依赖领导者的职权与依赖团队成员的判断力和自主性。这些斗争力量交织在集体协作的过程之中，随时有可能产生冲突。冲突并不都是可怕的，因为良性的冲突可以激发团队的活力。正像18世纪英国的哲学家休谟所说的那样：“真理的春天来自朋友之间的争论。”

作为管理者所要做的就是认清冲突，在解决冲突的问题上要考虑得更为周详，从而根据形势的具体需要调整他们的工作方式，力求最合理地解决冲突。领导者只有妥善地处理好各类冲突，才能平衡团队成员的利益关系，才能消除下属不满情绪且充分调动其工作积极性，使团队成员更好地组织起来共同达成部门整体的目标。

领导者不要害怕冲突，要学会解决冲突，不要以为解决冲突会浪费你很多时间。要知道，这本来就是你作为管理者的工作职责所在。

转变工作方式——由个性化转向组织化

在本节的开头，先同大家分享一位朋友李静上任第一个月的小故事。

李静作为刚被任命的部门领导者第一天走进新的办公室。她说："我的领导者职业生涯从此开始了。"放下东西，收拾桌子、整理文件，实际上什么也没做。她在最初几小时感到有些厌烦。"我真的无事可做……前两天就是这样度过的。我的门是开着的，我不希望我的销售代表进来看见我在这摆弄手指。我想，我怎么样才能看起来像很忙碌的样子呢？我知道我应该很忙，可我就是不知道应该怎么做。"

然后当销售代表经过办公室时李静就请他们进来，问问他们客户的情况，跟他们说她希望能帮上忙。最初的几天李静就是这样做的，谈谈对客户的策略、看看所有的备忘录，这样看起来很忙碌。李静一直在想：我感到厌倦了，在桌子这边的感觉怪怪的……然后，李静做出了她的第一个重大决定——让一个销售代表从根本上改变他的营销计划，以此应对一个大客户。

李静发现，不久后越来越多的人开始在她办公室前停下脚步，她好像进了压力锅，有很多大的问题需要她去解决。这样的工作真让人有挫折感。李静承受着许多压力，还是这儿也有问题，那儿也有问题。这真让人筋疲力尽。

李静这番表白道出了所有刚做领导者的经历。做领导者与个体贡献者在工作方式上是完全不同的，如果你仍保持着作为普通员工个性化的工作风格，让人看起来很忙，而没有意识到组织化的工作方式的话，就说明你还没有转换到管理者角色上来。

作为一线员工，只要按照自己的工作需要以自己的方式按时保质地完成工作就可以了。而对于领导者来说，必须坚持组织工作，对工作进行安排和分组，在部门里分配资源和分派工作，以便按计划完成。作为一名管理者，要负责组织下属员工共同完成非个人能独立完成的任务。

那么，领导者应该如何转变工作方式呢？

1. 有序组织工作要点

让所有人明确识别需要自己负责完成的任务及需要达到的目标。深入了解各大部门的结构和任务安排的各种方案及确定要完成的任务，并将任务组合成员工的职务，然后通过建立职务说明来规范工作程序。

领导者在组织工作时，需要注意的一点是在安排部门内员工任务时需要考虑工作负荷的平衡性。如果某些员工的任务比其他员工任务负担重，或者所需要花费的时间多，那么员工就会内心失衡，从而使部门士气和生产效率受到损害。

2. 正确理解与传达组织整体战略

正确理解与传达组织整体战略，这一点似乎很容易做到。事实上真的做到并不容易。作为领导者，只简单地作为组织战略的分解者和执行者，就算是正确理解和传达整体战略了吗？其实不然，部分地理解甚至是误解是许多新任领导者常犯的错误。

在正确理解组织整体战略时，必须搞清楚几个问题：组织为什么制定这样的战略？这一战略与自己所在部门的关系是什么？我们怎样做才能体现出部门在组织战略实现中的贡献？

在正确传达组织整体战略时，也不仅仅是做“传声筒”，而应向部门领导者讲清缘由，再与部门领导者一起对分解的战略制订出相应的部门计划，使部门计划的时间框架与组织整体战略的时间框架相配合。一般来说，传达组织整体战略和制订部门计划都是中期计划，这对一个长期以来习惯于以年为单位考虑问题的经理来说，得改变思路和做法。

因此，领导者在理解与传达组织战略时，必须能够认同组织发展目标并领悟组织高层的意图，同时在本部门落实经营决策、制订和安排工作计划并指导下属的业务工作。信息只有在一定的认知框架中才能被理解，而每个人都有自己独特的理解方式，在很多情况下，组织的战略思想并不是被准确地理解与传达，这就要求中层领导者在传达的过程中站在一种战略的高度上。

3. 正确处理部门与组织的关系

没有哪个业务部门是孤立的。尽管各个业务部门都有自己的职能范围，但所有业务的开展都必须适应公司的目标和战略。作为领导者，有责任监督和强化这种联系，在确保本部门追逐利润的同时，必须坚持公司政策，保持和提升品牌形象，保持部门的价值观和规章与公司的价值观和政策的一致性。

有些领导者只考虑部门利益、小集体利益，不从全局利益考虑问题，导致部门分割，相互不配合，甚至部门之间相互推诿扯皮、拆台。造成这些“诸侯为王”现象的根源就是领导者没有把部门与组织看作一个整体，割裂了部门与组织之间的关系。要正确处理部门与组织的关系，领导者必须在正确理解组织整体战略和价值观的基础上，根据组织战略制订本部门的具体计划，并将计划有效分解为具体任务，落实到部门领导者，并设定权限范围。

领导者要牢牢记住，部门是组织的一个链条和环节，要时刻体现自己的贡献，必须把部门置于组织整体中，不可割裂与组织的关系。全组织整体利益高于部门利益，这是转变工作方式应坚持的基本出发点。只有正确处理好部门与组织整体利益关系的领导者，才是一个合格的领导者！

转变社交关系——由感情联系转向事业联系

一天夜里突然接到昔日大学同学肖默的来电，他向我吐露了自己新官

上任后的情况。

肖默的事业进展顺利，大学毕业后进入一家大型企业从事销售工作，每年都能超额完成销售目标。他对初期的成功虽然感觉良好，但却对管理层怀有不满情绪。因此，他经常和同事一起吃饭，边吃边发泄对老板、公司政策的改变和公司激励的不满。这一小组因为共同“攻击管理白痴”而结下了深厚的友谊。

去年，肖默被提升为销售部门领导，负责另外一个地区的销售。在他出发前的送行会上，这一小组的人约定当他再来的时候一定还聚在一起共进午餐。

半年后，肖默和他的朋友们又聚在了一起，在各位详细通报了各自工作情况后，话题又迅速回到他们熟悉的“攻击管理白痴”的热点上。与以往不同的是，肖默一改以前畅所欲言、活跃分子的姿态，时刻保持沉默，他用心听着，不是点头，就是一言不发。朋友们发现了他的异常，问他哪里出了问题，肖默回答道：“你们这些家伙应该记得，我现在出任管理职务了，让我来抱怨组织、政策或我的领导者同事，会让我处于危险之中。”

从肖默的表现中我们可以判定，他在人际关系处理上，符合领导者角色要求，完成了从感情关系到事业关系的转变。

一线员工与同事之间的关系主要是感情上的交流。当一线员工提升为领导者后，原来融洽的感情关系中还有一层领导与被领导的关系，要与原来的同事相互合作，发挥管理职能，就必然要建立起事业关系。

众所周知，好领导者是交际广泛的领导者。这里所说的交际广泛指的就是事业关系网比较广。领导者如果不及时把人际关系网络扩展到事业关系上，就难以发挥管理角色作用。及时调整人际关系网络，不仅能够帮助领导者们获得有“张力”的工作职位，而且能够充分吸引其他人与他们一同工作，从而找到共同承担风险的伙伴。

假设你是一个公司的领导者，领导要求你和其他员工特别是部门领导者打成一片，让公司所有人而不仅仅是他本人都喜欢你，请问你的工作应如何去做?

如何建立起良好的关系网是许多领导者很困惑的问题。大量的事实证明，善于有效管理工作的领导者并不把精力放在扮演一个完美“顾问”的角色上，而是更多地放在培养复合多样的关系网上。领导者会根据自己的工作和发展的需要，在建立合作关系上合理地安排时间，并且经常与内外部关系方保持联络与沟通，对于内部支持者，主动向同级提供有用的资料、信息、情况和建议，求得相互了解、支持、信任，消除不必要的误会和摩擦。对于外部支持者，通常是长期的同事和朋友，经常听取其建议。对下属员工，在保持感情关系的基础上，激励、发展和领导他们，建立与其之间的事业关系。

领导者要想顺利授权，要想实施目标管理，必须提高下属领导者的能力，因此，对下属领导者进行指导和培训是其重要的工作职责。领导者在指导和培训下属领导者时常见的误区是：培训和指导下属领导者应该是公司层面的事情，与我无关。领导者最大的成功就应该是其下属的成功，而及时的指导和培训是提高下属领导者成功能力的保证。

在指导和培训下属领导者方面，领导者必须发挥教练的角色职能，做好教练，把指导和培训下属当成自己最重要的工作职责，尽自己所能为他们提供发展所需的一切条件。具体可以这样做：

1. 为下属做出榜样

就是由领导者做出示范，让下属看清楚工作的整个过程，然后去效仿你的做法，你的标准就是该项工作的标准。有些领导者在给下属示范的过程中只顾着自己去做，并没有将完成的过程说清楚，以致未达到指导下属

的目的，变成了领导者自己去完成工作。在指导之前先做出整体的说明，然后开始具体的操作，在此过程中要将注意的重点反复予以强调，最后留出时间给下属进行提问。

2. 只给下属原则上和方法上的指导，具体工作由其自己完成

这种方法的关键在于由下属自己去做，领导者只给下属讲解一些基本的要领，由于日常的工作繁忙，这是领导者采用最多的辅导方法。

采取口头指导的方法最容易说过就忘掉，没有给下属做出示范，他们会很容易就忘掉讲解的内容，造成领导者说完就完，下属原来怎么做还是照样怎么做。

领导者在给下属做出指导后，应当要求下属及时反馈工作的结果，并制定工作的考核标准，对工作的情况进行追踪检查。

3. 在下属试着做的过程中给予指导

在下属尝试做（尤其是第一次做）某项工作时及时给予指导，可避免下属走弯路，提升工作效率。但是，领导者采用这种方法最常见的误区就是在下属工作的过程中喋喋不休，下属刚一试做，就批评哪里做得不对，使下属手足无措，无法正常的工作，引起下属的反感。

领导者在指导的过程中要注意使用技巧，选准指导的时间和方法。要知道指导并不一定都是批评，还要及时地对下属的每一点进步给予鼓励，这样才能达到理想的效果。

转变工作目标——由个人目标转向团队目标

一线员工所追求的是采用有效的方式来完成自己的任务，使自己的目

标得以实现。但是，作为管理者的领导者，不仅要考虑到个人的目标，更重要的是制定团队的目标。团队的目标是指引团队前进的航标，作为团队的舵手，把握前进的方向是其不容回避的重要任务。

那么，实施目标管理有什么好处呢？

• 目标管理可以使部门的员工更多地参与到管理之中，实现上级与下级为共同目标努力的氛围。

• 目标管理用总目标指导分目标，用分目标保证总目标，形成目标的良性循环。

• 管理者在目标管理过程中关注的是公司和部门共同目标的达成状况，而不是一味地将关注点放在下属的执行过程中。

• 目标管理既纠正了“科学管理”偏重以工作为中心而忽视人的一面，又纠正了以人为中心而忽视同工作结合的一面，很好地把工作和人的需要统一了起来。

• 目标管理可以为管理者赢得时间。

• 科学、明确、可实现、富有挑战性的目标对下属的激励效应最强。要达成部门战略目标，领导者就必须实施目标管理，并帮助下属科学、合理地分解目标，这是领导者的工作职责。

• 领导者实施目标管理的工作内容，包括合理制定目标、分解目标、监控目标、考核目标的完成情况。

值得一提的是，领导者在制定团队目标时，不能人云亦云，而要依据企业的战略而定。制定的目标必须得到部门员工的了解和支持，并能激发部门员工的奋发、协调与合作。

一般来说，团队目标是这样制定的：

• 识别员工的核心工作，知道员工应该做什么、如何做、应取得什么成果。

• 给每项任务设立明确的富有挑战性的目标，提高员工完成目标的责

任感。

• 当员工同时接受多项任务时，按重要性给任务排序，鼓励员工按照任务的重要性分配时间和精力，并建立相应的反馈机制，跟踪目标。

那么，你是一个优秀的目标设置者吗？不妨先来做个小测试：

对以下问题，选择一个最能描述你和周围人关系的答案，无论那些人是公司员工或其他与你合作的人。记住，主要选择那些符合你的行为而不是你认为应该怎么做的答案，并在方框中画上"√"。

当我带领数名员工去完成一个项目时，与我共事的人会得到：

（1）具体和明确的目标。 经常□ 有时□ 很少□

（2）与他们工作有关的全部关键领域的目标。

经常□ 有时□ 很少□

（3）有挑战性但合理的目标，既不会太困难，也不会太容易。

经常□ 有时□ 很少□

（4）有机会参与工作的安排。 经常□ 有时□ 很少□

（5）在决定如何实现目标的过程中有发言权。

经常□ 有时□ 很少□

（6）实现工作目标的期限。 经常□ 有时□ 很少□

（7）足够的技能及工作培训。 经常□ 有时□ 很少□

（8）足够的资源（时间、资金、设备）去完成工作。

经常□ 有时□ 很少□

（9）员工完成目标情况的反馈。 经常□ 有时□ 很少□

（10）根据绩效表现决定他们的报酬（嘉奖、薪酬及升职）。

经常□ 有时□ 很少□

计分：所有这些问题，你可以从三个答案中任选一个。

选"经常"得3分，选"有时"得2分，选"很少"得1分。得分在

26分或26分以上表明你对设立目标非常理解。得分在21~25分，说明你仍需要提高这方面的技巧。得分不多于20分，则说明你需要大幅度提高这方面的技能。

至于如何提高，具体可以参考如下建议：

1. 实施目标管理并帮助下属分解目标

目标管理是由成果的生产者（包括领导者及下属）共同参与制定的，一定时间内每个人（包括上级和下级）必须达成的各项工作目标，明确相应的责任和职权，每个人朝着这些目标自觉工作、自我控制，并定期进行考核评价，实行反馈，管理人员以有效实现预定目标为中心进行管理的一种体制和方法。目标管理的主要特点是：以整个组织的目标和成果为中心；层层、处处、人人、事事有目标；目标由实现目标的有关人员共同制定；强调自我控制。

2. 实施目标管理要首先解决以下问题

领导者需要思考：要实现的目标是什么？由谁来完成？目标何时完成？目标用何种手段、方式完成？如何对目标的完成情况进行检验与评价？

领导者要实施目标管理，就必须掌握目标管理的技能。首先，在目标制定时要坚持统一性、先进性、可行性、明确性原则；其次，在目标制定与展开的过程中，要进行目标协商，让下属领导者在充分理解、自我承诺的基础上接受任务；最后，目标实施应注意鼓励自我控制，保持一定弹性。此外，要特别注意防止出现以下误区：

（1）目标管理是灵丹妙药

目标管理的确是一个有效的管理工具，但也绝不是包治百病的灵丹妙

药。有些领导者认为目标已经分解下去了，员工就会各司其职，权责的问题就会得到解决，就可以高枕无忧地坐等收成了。须知，这样的想法大错特错！

（2）目标管理没有轻重缓急之分

有些领导者一味地追求分解目标，以为把目标落实下去后就万事大吉了，而不考虑目标的性质。实际上，目标还是有轻重缓急之分的。作为领导者应该把握好目标的“权重关”，确定什么事情才应该是最先完成的。

想要确定目标的轻重缓急，通常把工作按照重要性和紧迫性划分为以下四类：

• 重要又紧迫。这些事情比任何事情都要优先，是必须立刻去做或在近期内要做好的工作。

• 重要但不紧迫。我们在工作之中，往往把这些事情无休止地拖延下去，认为不用急于去做，导致其发展为紧迫的事件，所以，要注意把这类工作列入优先的行列之中。

• 紧迫但不重要。这一类是表面上看起来需要立刻采取行动的事情，但客观而冷静地分析一下，会把它们列入次优先工作中去。

• 既不紧急也不重要。这些事情会让你分心，它们给你一种有事可做和有成就的感觉，使你有借口把重要的工作向后拖延。

（3）目标管理量化的局限性

有些领导者认为目标管理就是将目标量化，分解到下属和员工，考核时设计一套指标将量化的数据进行评价，其实这种做法很难奏效。部门的员工类型不同，所采用的方法也应该有所不同。目标管理应该针对不同员工，给予他们不同的目标，一味追求量化任务的实现，不是目标管理的全部意义。

转变管理方式——由管理自我转向管理团队

前美国总统布什在就职演说中曾这样说道："我以圣徒之所望自勉：对关键性事物整合；对重大的事务求变；对所有的事务宽大。"

其实，总统管理国家与领导者管理部门团队，尽管管理边界大小不同，但实质却一样，那就是作为一个管理者，必须在管理方式上由原来单一的自我管理转变为管理一个团队。

团队不是普通的群体，更不是乌合之众，它是一个具有高度凝聚力的正式群体。作为团队领袖，领导者须在超然的个人管理基础上，重点打造绩优团队。

领导者管理团队的主要目的是要找到一种方法，使整个团队的集体合作成果大于单个团队成员个人贡献的简单加和，即达到"1 +1 >2"的效果。

1. 规划、促进和指导团队协作，鼓励团队支持与对抗

领导者应该规划、促进和指导团队的协作，而不能单纯以命令的方式进行集体协作。要想建设管理绩优团队，领导者要学会如何规划团队，懂得需要什么类型的团队去做什么事情，并且能够仔细平衡其团队成员之间差异性的组合，力求寻找在经验、专业知识和风格上互补的员工组成团队成员。

领导者还要鼓励团队员工之间的支持和对抗。如果团队成员的差异被接受并且不同的意见也受到鼓励，且管理者能以提供想法、资源和其他帮助的方式来参与其中，那么你就是个出色的团队领袖。

领导者是通过别人的工作实现部门目标的。因此，寻找一种方法，以

确保整个部门的工作成果大于部门内部各个成员的个人贡献的简单加和，就是领导者最重要也最具挑战性的任务。而要真正达到“1 + 1 > 2”的效果，领导者就必须确立在部门内部培养团队合作精神这一工作价值观，并采取有效措施切实履行好这一职责，担当团队建设的领袖角色。

2. 实践出真知，放弃传统管理方式

在非洲草原上，如果看见羚羊在奔跑，那一定是狮子来了；如果见到狮子在躲避，那就是象群发怒了；如果见到成百上千的狮子和大象集体逃命的壮观景象，那绝对是蚂蚁军团来了。蚂蚁尽管弱小，但它的团队却是无坚不摧的。有了团结合作的精神，任何弱小的个体都可以变成巨人。

作为团队的领袖，领导者必须放弃“一对一”个人管理的传统工作模式，将眼光投向整个团队业绩，依靠整个团队分析和解决问题。把培养下属和员工的团队合作精神看作重要工作，承担起建设绩优团队的职责。在部门内部形成共同的价值观和行为规范，以良好的沟通、互补的技能、大家庭般的归属感，发挥不同团队角色的作用，实现部门的最大目标。

记住，团队合作不应该是口头上说的，必须贯穿团队建设的始终！

第三章　领导角色转换不力有何迹象

领导者角色模糊、混淆

在公司中我们常常听到老板抱怨领导者："亏我花了那么多钱聘请你，你反而不替我着想。部门和部门之间为什么不好好配合，为什么将一些小事情整天扯来扯去、推来推去的？你带不好队伍，经常有一些下属来找我反映这个问题、那个问题，我又不完全了解情况，不表态不行，表态更不行，真是不称职！"

这样的抱怨说明什么问题？

是老板太挑剔吗，还是因为身为领导者的你真的没有做对事？

站在公司老板的角度，用领导者的角色要求去衡量上述种种做法，我们可以看出：大部分情况的确是领导者工作不力，为老板增添了烦恼。这里的关键问题就是领导者没有找准自己的角色定位，忽视了自己角色的多维性，造成在每个特定的情境中混淆了角色。

领导者的角色是多维的：对下是上司的替身与代表，其言行必须代表公司和上司；对上要遵守做下级的职业准则，严格执行上级决定；在同级之间，你们还要互为客户，互相服务。这种角色的多维性，就要求领导者在不同的环境中，及时明确自己的定位，若非如此，必然会造成角色模糊和混淆。

员工晋升为领导者后，思考方式、工作方法就应该按管理者角色行

事，但由于没有找准角色定位，有可能导致角色模糊和混乱，而且这种情况屡见不鲜。

1. 充当同情者的角色

领导者充当同情者，指的是在部门里或在私下里，当下属员工对公司的管理层或公司的制度、措施、计划表示抱怨时，领导者会跟着一块抱怨，并对下属员工表示同情的现象。

充当同情者是领导者角色模糊的典型表现。也许，有些领导者认为自己和下属员工一样都是企业的雇员，对员工表示同情是应该的；也许，领导者为保持与下属的亲密关系而站在一个立场上。但是要知道，身为领导者的你一言一行都代表着管理者的形象，你已经是管理团队中的一员，不能一味地只做“民意代表”。

在有些情形下，领导者充当同情者会给公司及自己带来严重的后果。当领导者对员工表示同情时，员工会有如下反应：

如果下属的抱怨是正确的，那么这个抱怨对公司的长远发展有益，领导者就应该鼓励下属将自己的意见讲出来，但是，切记你的角色是代表公司听取员工的意见，不要急于表明自己的态度或随意对员工不满的事情做出评价，而是必须时刻保持中间的立场。因为你的任何评价都会对下属员工产生影响，可能会出现众多与你的领导者角色需要不一致的看法。有些下属员工会因为领导者的同情，而把领导者归为他们一块却不再把他看成公司的代表了；也可能会对下属员工造成错觉，认为连领导者都这样认为了，公司的这项规定肯定不行，易造成员工思想的混乱；还有些直接会把领导者的同情当成公司的决定。

很显然，当领导者充当同情者，不论是在上级中还是在下属中都会造成不良的影响。因此，作为领导者要提醒自己公司赋予自己的使命是什么，牢记自己必须履行和代表公司的意图。

2. 固定角色的意识

固定角色的意识，是指领导者自己不能成功地从一个某项职能的执行者转变为一个涉及多个职能的管理者的角色。由于习惯于把自己局限在熟悉的业务当中，过于专注自己能够充分胜任的那些事务，而不愿意学会做事先不会做的事务，结果必然导致工作不力。

某领导者说：“他们把我放在这个岗位上就是因为看中了我过去的能力和成就……因此，他们也希望我在新的岗位上保持过去的成就。”

这位领导者有这种想法，显然是没有意识到新角色、新环境给自己带来的新挑战。在现实生活中，误以为只要自己坚持在原先工作中的一些做法和习惯，唯一不同的是需要做出加倍的努力而已，就可以在新的岗位上获得同样成功的领导者大有人在。

这种角色认知上的模糊直接带来工作价值观难以根本转变，即使他对工作尽职尽责、兢兢业业，工作效果也不会有大的起色，上级和下属也不会买账。

领导者要放下作为一线员工时成功的经验，学习掌握作为管理者所需要具备的才能。这样才能真正提高自己的应变能力，不至于被固定角色的意识所牵绊。

指导员工工作时有缺失

使下属有能力工作是领导者的工作职责，领导者有责任和义务对下属进行指导和培训。但许多领导者并没有意识到自己应负起这一责任，在感叹工作难以落实的同时，你有没有想过，你又教给了下属什么？

2004年姜朝担任了一家大型技术公司的软件开发和转换领导者，从原先管理一个10人的软件应用部门升任为负责120人的领导者，其中12名下属领导者掌管开发、购买和维护现存软件。姜朝作为新任领导者面对着重要的转型挑战、时间期限和竞争压力。

作为一名一线领导者，姜朝具备合适的能力。他不仅通过了一系列很好的培训，而且还利用全方位意见反馈来提高认识：什么是自己管理工作的强项，什么是弱项，他在勤奋工作中纠正错误、提高自己。在做一线领导者时，姜朝花了大量时间学习自己监督的所有项目，了解手下员工。升任软件开发与转换领导者后，凭借使他成为出色一线领导者的果断和技能，姜朝很快采取了措施，在管理项目审查、重新规定工作重点和重新分配应用专家方面取得了一些进步。但这些微不足道的改善不仅不足以令姜朝和他的上司感到满意，同时也陷入了手下人的问题中。每天早晨，姜朝的下属领导者和普通员工都会在他的办公室门口排成一条长队请示他的建议和批准。很快姜朝就没有了足够的时间来处理预算和所需解决的项目问题。

领导者一项重要的工作就是让下属领导者去做他应该去做的事情，而姜朝不但没有适当地把权力下放给一线领导者，相反，还剥夺了他们应有的权利。姜朝直接向工人发出命令，自己审核项目，剥夺了应该属于下属领导者的工作。这样做导致个体贡献者开始越过他们自己的上级领导者，与姜朝交谈，导致姜朝时间非常紧张。

从姜朝的例子中，你是否看到了自己的影子？

不懂得如何正确指导员工工作的领导者大有人在。这不仅仅是导致你时间紧张、下属抱怨、业绩不佳的原因所在，更为关键的是这说明你在角色转换中仍然缺乏领导者的管理技能，在指导员工工作时有缺失。

如果姜朝正确地转变到领导者角色，他就能够对这一情况做出迥然不同的反应。如果他开始就把握好领导者角色的话，他就应该召集小组成员，听听他们的观点和建议。当建议不合适时，尽管他可以行使他的否决权，但他应该让一线领导者从提供的选择中挑选意见。通过给他们权力作出项目决定，进而让他们对这些决定负责，创造更多的让下属领导者磨炼技能的环境。

同样，姜朝应该腾出时间来观察他的一线领导者是如何进行管理的，通过关注下属领导者的管理技能、时间应用和价值观，分析、评价下属领导者的能力，正确对下属进行指导。

其实，许多领导者常怀有这样的心理：

1. 将下属提出的问题看成是干扰

要帮助员工工作就要关注他们。监督、指导是领导者的职责，你要随时观察他们在做什么、是如何做的，这是一件需要时间和精力的事情。

要监督和指导到位，就必须使自己随时都可以被联系上，这不仅意味着让你的大门始终保持敞开，及时地回答问题，更重要的是这体现一种态度，体现员工知道在什么时候可以找到你，从交流中的言语到肢体动作显示出什么样的姿态。

为数不少的领导者认为，把任务布置下去，员工照此办理就能实现预期目标，甚至以为员工知道得越少，自己的执行越有力。殊不知，这样做阻塞了言路，既挫伤了员工参与管理的积极性，又损失了许多改进工作、提高效率的机会，还造成矛盾和冲突的隐患。

也有不少领导者认为，下属就是工作者，他应该具备做好这一工作的能力，我没有必要对其进行指导。本来我自己高度紧张地工作，哪有时间浪费在指导他们身上啊！这时应引起注意的是，下属的进步是你的责任，指导和培训下属是你义不容辞的职责。你要想部门业绩突出，必须开始指导你的员工。千万不要以工作忙、时间紧为借口逃避指导员工，时刻记住

指导员工是你的本职工作，如果你不指导员工，你就是个不合格的领导者。

2. 拒绝同下属共同分享成功，对他们的问题和失败避而远之

领导者作为部门团队的领军人物，把部门打造成绩优团队是其角色职能。要使所管理部门超越群体成为团队，作为团队领袖就必须与团队成员同甘苦、共患难。

“为使部门成为绩优团队，我愿意为团队的业绩负责，愿意与你们一起分享成功，共同面对和解决问题。”这是一个部门领导者初次上任的就职词，如果你能这样做，就可以说明你对领导者的角色把握得比较准确。由个体转变为管理者，意味着你的荣辱观也要发生转变。原来你的失败和成功属于你一个人，现在衡量你成功和失败的标准是你带领的团队。而团队的成功是由一个又一个员工的成功合作组成的，因此，员工的成功才是团队的成功，团队的成功才是你的成功；反之，员工失败了，下属出问题了，实际上也就是你失败了，你出问题了。

你和你的团队是一个整体，你应该欣然同下属共享成功的喜悦，并共同面对并解决团队面临的问题。

不善管理团队业绩

多数职员都遇到过这样的领导者，他们居高临下，对员工的想法和做法漠不关心，分配任务指标不明、进度不清，工作中没有监控，任务没有如期、按质完成就大发雷霆，整个部门的业绩较差，员工在充满恐惧的环境中战战兢兢地工作。

出现这一问题的根源在哪里？单纯怪罪于领导者的领导风格吗？这样

的结论未免过于武断。

其实，这是领导者在角色转换中出了问题，特别是没有找到业绩管理的感觉和办法。领导者不注重业绩管理，缺乏业绩管理的技能，员工再努力，领导者再日理万机，部门的业绩也好不到哪里去。

对此，领导者应该明白以下两点：

1. 要使部门业绩突出，关键是部门领导者如何管理

这里有两个关键性的技术必须掌握：一个是目标管理，另一个是及时、有效的沟通。

目标管理的要点有：制定目标要明确；分解目标要清晰；目标监控要及时；达成目标的手段要高效。

有效沟通的环节有：目标制定过程要沟通；目标分解时要充分沟通；实现目标的技术和手段要沟通；目标监控过程中的问题要沟通。

需要注意的是，具体的业绩管理办法要根据实际的情况来制定。

2. 高绩效需要由高绩效团队来实现

绩效始终是要由人来实现的。所以，高绩效的关键是打造一支高绩效团队。然而，一个部门能否成为团队，能否成为绩优团队，领导者的作用至关重要。因此，习惯于作为一个组织的领导者和管理者的领导者，还必须承担起团队建设者的职责。

团队比个体有更为突出的优势。因此，世界上越来越多的组织更倾向于使用团队和团队工作，这代表着一种趋势。领导者要担负起团队建设者的职责，就必须重新学习团队建设的技能。

然而，许多领导者在团队建设时，把部门理所当然地当成团队，一提起团队马上想到的就是本部门。这种观点明显混淆了团队与组织的区别。部门只是公司的一种组织形式，团队不是组织，而是组织的一种表现形

式，部门并不能等同于团队。

领导者在团队建设中，重要的是必须清楚团队建设的四个阶段，并走出每一阶段上的误区。

（1）第一个阶段：成立期

团队刚刚组建，这一时期团队成员对未来的发展具有很高的期望，团队成员之间还处于磨合期，彼此不了解对方。由于没有经过任何培训，成员们表现出较低的工作能力。

这一阶段团队成员的特征：低能力，高意愿。

领导者却常常误以为：团队刚刚成立，成员们的热情都很高，感到没有什么问题要解决；对团队的发展没有明确的目标；成员们很听领导的话，因此没有必要制定强硬的规章制度。

领导者应当定时召开会议给成员创造相互了解的沟通机会；为团队制定切实的发展目标，并开始分派工作；为团队制定各项规章制度。

（2）第二个阶段：动荡期

随着工作的不断推进，成员们感到原来期望和现实之间存在着差距，逐渐体会到工作的难度超过了他们的预期，而工作带来的乐趣要比预期的低，所以在这一时期他们的士气很低。而且在这时培训的成果还没有真正显示出来，成员们的能力还没有显著的提高。

这一阶段团队成员的特征：部分工作能力，低工作意愿。

领导者却常常误以为：团队反正要经历四个阶段，这一阶段是不可避免的，即使去做什么也不一定要效果，采取听之任之的消极态度；对团队中出现的“小团队”问题视而不见，认为人际关系的问题是私人问题。

领导者应对团队中出现的消极现象及时地予以纠正，出现正面的现象要随时给予表扬和肯定，树立良好的团队氛围；通过培训和辅导提高成员的工作能力；让成员认识到各自的角色差异，以及在团队中所起到的作用。

（3）第三个阶段：稳定期

这一时期团队成员已经得到了系统的培训，同时在工作的过程中掌握了一定的专业知识和技能，积累了一定的工作经验，开始能够为公司创造效益。

这一阶段团队成员的特征：高工作能力，变动的意愿。

领导者却常常误以为：度过了“动荡期”，团队已经基本稳定，只要维持现状就可以了；为了实现创造利润的目标，其他的工作都可以暂时搁置；领导者开始对团队中的派系出现了倾向性。

领导者应学会激励团队的成员，使他们变动的工作意愿稳定化；明确团队的工作目标，及时纠正团队中出现的对目标的歪曲理解；树立个人在团队中的正面影响力，增强团队的凝聚力。

（4）第四个阶段：高产期

这一时期团队成员的工作能力不断增强，工作意愿空前高涨，团队成员已经能够认识自己的角色，他们之间开始合作。这时的团队业绩会达到或超过原有的期望。

这一阶段团队成员的特征：胜任工作，充满信心。

领导者却常常被眼前的成绩冲昏头脑，放松团队管理；不重视团队成员的工作成绩和发展；一叶蔽目，看不见团队的隐患。

领导者应与团队成员共同研究制定更高的、具有挑战性的目标；想方设法留住团队优秀员工；对团队成员的成绩给予及时的肯定；保持清醒的头脑，及时发现团队隐患，并及时解决。

执行难落地

衡量管理者工作是否到位的一个关键指标是看其执行力。如果领导者

在工作中出现下列情况，就说明在执行上出了问题，就证明在角色转换中存在问题。

1. 领导者执行难落地的迹象

（1）委派工作困难

尽管领导者被组织赋予了管理职能，在部门里是“权威人士”，但由于角色认知和转换中的问题，很可能出现委派工作困难的问题。

究其原因，是因为没有得力的下属可以委派、不知道可以委派给谁及不能正确地委派。

领导者可能经常会遭遇上述三种委派工作困难的困扰：找不到合适的人可以去完成任务，任务清晰但不知道究竟该落实到谁的头上，委派给一些人但他却不能胜任。这些委派工作上的困难，直接造成太多的决定被集中和拖延，工作完成的速度很慢，领导者自己承担了太多的工作，抱怨自己有太多事情要做，不断受到烦扰，也不断感到烦躁，最终导致部门业绩不佳等问题，当然这其中有领导者管理技能上的原因，但更关键的原因是他的角色转换没有到位。

没有得力的下属可以委派，说明领导者对员工缺乏沟通、了解、指导，或者是不清楚下属能力，或者是没有及时指导、培训下属，导致他不能胜任，或者是根本不信任下属。这些都说明角色没有转变，没有以领导者角色开展工作。

不知道可以委派给谁和不能正确委派，也表明作为一个领导者，缺乏人岗相宜的资源配置能力，缺乏与员工有效沟通的技巧，仍然是以一个个体贡献者身份行事。

此时，领导者不妨重新思考自己的角色定位；与员工有效沟通，尽快了解下属所长、所短；拿出时间指导员工；建立充分的信任关系。

(2) 一门心思只想把工作完成

这种领导者几乎没有或完全没有能力充分利用他的领导职位，仍然在用个体贡献者的价值观指导工作，没有把自己的角色看作一个管理者。

某领导者抱怨：“我每天工作高度紧张，疲惫不堪，而我的下属却很清闲，真拿他们没有办法。干什么事情都要我冲锋在前，我该怎么办呢?”

解决办法很简单，那就是停止只考虑你自己，尽快调动下属积极性，发挥管理者的角色作用。

可见，任何一个初次被任命为领导者的人都希望大展宏图，实现自己的领导者职业生涯。但有的人成功了，沿着领导者职业生涯阶梯“平步青云”，有的人失败了，既遭到上级不满，还落得下级抱怨，自身也是伤痕累累。成功和失败的界限是如此鲜明，有没有诀窍能让初任领导者少走弯路，提高成功率呢？答案是肯定的。只要你按照下面的建议，有针对性地修炼自己，相信成功的花环就可能戴在你的头上。

2. 执行落地的方法

(1) 未雨绸缪，做好计划

不论对任何层次的管理者，这种方法都是适用的。领导者要做正确的事，并把事情做到位，必须制订部门的经营战略和工作计划。这是领导者的首要职责。

领导者在部门经营战略制定和计划安排上，要坚持战略性的思维模式，在公司总体经营战略的框架内考虑部门的战略及计划安排。战略要长远、计划要具体，落实到人和事，并且领导者在制订部门战略时必须建立在对公司总体经营战略充分理解与认可的基础上，把握企业外部环境和内部条件。

领导者在制订部门战略和计划时应重视以下三条原则：

①时效性。部门计划必须是提前制订，绝不可以年初再制订今年的计

划，这样的话工作会非常被动。

②灵活性。制订未来计划应该留出一定的变通空间。

③协调性。在战略制订和计划安排中要考虑与公司整体、其他部门的协调，注重整体利益的最大化。如果领导者只着眼于自己部门的利益而忽视整体利益，这样的战略就是不合适的、难以操作的陷阱。

（2）获取、调遣并重新分配资源

对初任领导者而言，这可能是一个完全陌生的工作职责。习惯了使用资源和接受资源，现在要去组织争取资源并在部门内部重新分配资源，不是件容易的事情，但这却是领导者重要的工作职责。

领导者要履行好这一职责，就必须具备两方面技能：一是获取资源的能力，即怎样根据部门需求，结合组织资源拥有情况从公司中获取资源；二是重新分配资源的能力，即在部门内部如何合理地调配资源，提高部门的工作效率。下面提供一些领导者需要回答的问题，以验证自己是否具备这两方面能力。

①在获取资源方面应回答如下问题：

- 我的预算计划是科学的吗？
- 我的预算计划服务于部门目标的紧密程度如何？
- 我的预算计划组织有能力提供吗？
- 如果削减计划的20%，我的目标能完成吗？

②在分配资源方面应回答如下问题：

- 每一个下属是否可以按时完成规定的工作，是否达到了要求的质量，开支是否合理？如果没有，还需要哪些资源？
- 我们有没有将良好的外部资源和内部资源正确地结合起来，应该如何调整呢？
- 有没有部门在浪费和丢失资源，应该采取什么措施？
- 考虑所有要求完成的工作，部门配置是否合理？应该怎样重新调遣哪些资源?

• 哪些人不应该在这里工作?如何尽快地用更有成效的员工来代替?

检验到这里还没有结束，在面对特定资源和特定部门时，还要根据特定的资源和部门进行判断:

• 哪个部门的工作最有成效，应该分配哪些难度大的新项目?

• 哪些部门应该得到比他们应有的支持性资源份额更多的资源(因为他们会更有效地利用这些资源)?

• 如果有人，那么谁应该得到最大幅度的提薪?

以上这些问题可以作为领导者获取、调配资源的检验清单，如果你能圆满地回答这些问题，就表明你具备履行这一工作职责的能力。

第四章　如何成为一名受欢迎的领导者

扮演不同角色，不可错位

领导者的角色定位在前文中重点论述过，这里不再赘述。但必须引起注意的是，你要想成为一个受欢迎的领导者，必须摆正自己的位置，要记住你的角色是多维的，面对不同层面的人员，你必须扮演不同的角色，不可错位。

1. 不可错位成民意代表

有些领导者认为自己是部门领导，应该代表群众利益，代表基层和上司谈判。当下属有什么抱怨的时候，他马上就站出来，打抱不平，替下属和上司谈判。很多领导者会认为我向上级反映情况，我把来自基层的想法反映给上司，难道不对吗？

这种初衷是对的，但注意你不是“民意代表”、不是“群众领袖”，因为你的职务是被任命的，而不是被选举的。员工有话愿意和你说，并不是因为你能代表他们，而是你被任命在这个职位上。实际上，当下属在向你抱怨的时候，他其实是在向公司抱怨，而不是在向你个人抱怨，你应该向下属解释和说明。而有些中层领导者往往说这是公司定的，上面就这么要求的，或者你去问公司。实际上这就是没有履行自己的职责，从而出现了角色错位。

2. 不可错位成领主

很多领导者被任命为部门领导者的时候，就把该部门看成自己的一亩三分地了，无视组织的制度和规章，无视部门间关系。我们知道，任何权力都是有边界的和应该受到制约的，把自己看作领主也是一种典型的角色错位。

3. 不可向上错位

领导者不仅要正确地做事，还要做正确的事。但有些领导者往往误解了这句话的本来含义。我不仅要正确地做事，还要做正确的事，不正确的事我不做。这种想法是错误的，因为当你这么想的时候，你已经向上错位了，这种想法就是由你当法官来判别你上司的决定是正确还是错误。实际上，作为下属你无权评判你老板的对错，你老板决定的对错最终只能由市场来判断，或者由他的上司来判断。

4. 不可错位成“自然人”

有个企业新来了一名员工，上班的第三天就辞职了，当老板问领导者这个员工为什么要辞职时，领导者说：“我也不知道，反正上班第三天他就要求辞职。”仔细一了解原来是这样的：新员工上班的第二天，这位领导者就对他说：“你怎么跑我们公司来上班了，我们公司都两个月没有发工资了。”两个月没发工资谁高兴？谁都不高兴。不高兴你应该向你的上司讲，而不应该在你的下属面前抱怨、发泄不满。实际上，你在不知不觉中就把自己错位成了“自然人”。作为领导者，在下属面前是一种职务行为，代表公司，而不是代表你个人。

以上几种角色错位在实践中并不少见。领导者必须摆正位置，找准角色。

以下提供几点建议，可供参考：

①在与上级接触中，要将自己定位在下属的角色上，站在上司的立场上考虑问题，凡事不当面顶撞，出色地做好本职工作，而不做超过自己职权范围的工作。

②与下属接触中，领导者就是上级，应该成为部门员工的主心骨，有效地激励下属领导者和员工，做下属的教练，明确自己的工作职责。

③在与同事的接触中，领导者代表的是部门，应该与其他部门的同事和谐相处，把他们当成内部客户来服务。

只有做到上述各项要求，才能找准自己的角色，成为一名受欢迎的领导者。

成长的自我导向

相对于普通员工来说，领导者工作的独立性更强，从上级那里获得的指导相应也更少。因此，领导者要掌握处理各种复杂问题的能力，更多的是靠自学、反省等方式自我成长。因此，领导者应该明确，在领导者阶段，成长是自我导向的，老板的帮助只能偶尔得到。

1. 自我管理式学习

领导者要发展自己，必须通过自我控制式和自我指导式学习达到。这意味着你为满足自己的学习要求承担责任，以改善工作执行情况，以支持职业生涯成功，或者增强你在目前的组织机构之内或之外的胜任能力，必须通过一个过程，即通过对于你的经验反映和对于你需要知道什么和能够干什么的分析，而使你确认你需要学习什么，以便于你执行得更好，并在职业生涯上取得进步。

自我管理式学习要求领导者必须在科学分析自己的基础上，确定好行动计划，按照行动规划严格执行，监督自己。

此外，领导者还要了解自己学习需求的方法。

- 自我评估：基于领导者自身，对工作和生活进行分析。
- 诊断结果：基于学习需求和学习优先权的分析。
- 确立行动规划：确立学习目标，排除学习中的障碍，争取学习所需资源及时间。

在确立行动规划后，领导者就应该排除困难，尤其是时间上的困难。

2. 反省自己

一个人要做出决策容易，难的是静下心来重新评估自己辛苦做出的决策是否正确。领导者大多业绩突出，有着自己独特的眼光和能力，在某些问题上，自然的反应是辩解和固执，但往往这些自认为科学的东西在新的职位上是不合理的。因此，经常反省自己是领导者提升能力的好办法。

那么，领导者有什么好方法自我反省呢?

①在一件事情结束后，及时总结，看看其中成功之处是什么，为什么成功，从中可以借鉴哪些经验；失败之处是什么，为什么失败，从中可以吸取哪些教训。

②在一个工作期结束后，总结分析，看看这一阶段运行中问题暴露在哪些方面，这些问题有多少是由于能力不强造成的，有多少是由于计划不周造成的，注重原因的挖掘。

③注意倾听下属领导者和员工的反馈意见，并能采取端正的态度。

④进行某些重大决策时，先找信赖的同事谈谈自己的点子、决策和建议，看看是否可行。

⑤在对答案和决断没有把握时，坚决说“不知道”，随后再努力寻找

答案。做到这些，我相信你会成为一个既受上司信赖，也受下属欢迎的领导者。

3. 努力提高沟通技能，协调好各方面关系

随着管理职位的上升，沟通能力的重要性越来越明显。领导者角色的多维性和工作的复杂性决定了领导者如果缺乏沟通能力，会带来因为沟通不畅引发的种种问题。因此，若想成为一个受欢迎的领导者，就必须掌握高超的沟通技巧。

在某种程度上，领导者的工作就是沟通，这绝对不是危言耸听。理解组织战略并把这一战略让下属和员工理解需要沟通，从组织获取资源和内部利益分配需要沟通，部门与部门间协调合作更需要沟通，在部门内部管理上，授权、指导、评价、激励、团队建设、冲突解决等各个方面工作都需要沟通。因此，沟通技能如何直接决定一个领导者的受欢迎程度。

那么，领导者如何才能培养自己的沟通能力呢？

第一，培养灵敏的听力。灵敏的听力当然不是说你在生理功能上耳朵是健全的，而是说要在沟通过程中，学会“听”，要能敏锐地领会他人所表示的含义。要抱着积极的合作态度，鼓励沟通对象去说，在他们说的过程中，要听出重点，听出问题所在，听出冲突的关节点，甚至听出解决问题的办法和途径。

第二，培养良好的写作能力。文件报告，如书面建议、进展报告、部门经营战略等是领导者与组织、与部门内外沟通的重要手段，必须内容清晰、论点科学、文字流畅、说理详尽，只有这样才能让沟通对象眼前一亮，取得他的理解和信任。如果文字报告写得含糊、条理不清，就不会有良好的沟通效果。

第三，培训口头表达能力。在沟通中多数时候是口头表达，有效的沟

通需要口齿伶俐、思维敏捷、逻辑性强和善于表达自己的意向。可以想象，如果一个领导者不具备良好的口头表达能力，会造成多大的沟通障碍。

修炼领导者的七大角色艺术

努力把每一种角色要求做到位，是领导科学，也是领导艺术；是领导者的素质，也是领导者的能力；是领导者的本分，也是领导者的职责。培养和提升领导力的过程，就是领导者自觉自悟角色的要求，自我改变思维方式、行为习惯和价值追求的修炼过程。

1. 领导者

没错，你就是一个领导者，虽然你上面有一个动不动就念紧箍咒的唐僧，自己是一个统率着两个小师弟的大师兄，但在师弟面前，你终究是他们的领导、他们的主心骨、他们的指南针。所以，你别小看了大师兄这个角色，也别拿豆包不当干粮，怎么说你也算是一个中层干部，虽然这个职位有时会让你干得挺憋屈，但就其位置而言，你身处上层和下层的结合点，因此唐僧饿了、渴了只会朝你发号施令：悟空，我饿了……就身份而言，你既是指挥员，又是战斗员，是"官"和"兵"的统一；就工作而言，专业性要求较强，不是杂家而是专家；就职责而言，则显得比较具体，诸如任务的布置、检查、总结、反馈等，都要亲力亲为。

说白了，领导有时候就是一个二传手。当然，一个好的二传手，哪怕你没有孙悟空通天的本领，死球也可以变成活球；但如果二传手的工作做得不好，哪怕如同孙悟空一样本领很高，好球也会变臭球。所以，想要当好这个二传手，需要从头学习如何当好领导！

2. 思想家

思想家不是随便什么人都能够自命的，最起码得学识渊博，而且还应该天生叛逆，永远也学不会附和世俗，更不屑迎合权贵；他是最不安分的，总想着如何破旧立新；他是无畏的斗士，他的终身对手是愚昧和专制；他不沽名钓誉，不急功近利，更不玩弄权术，与骄奢淫逸者水火不容。

一个优秀的领导者应该是一位思想家，或者应该向思想家学习，否则他用什么去领导下属呢？只有思想上的领导，才是长久的、深入的，才是能够让下属真正从心底里喜欢和佩服的。优秀的领导者可以不学富五车，但必须见多识广，这样说话做事才不会被下属贻笑大方；不应该攀龙附凤，为权钱不择手段；可以不去学老子写《道德经》，但绝不能整天把“老子，老子”挂在嘴上。一个好的思想家须耐得住寂寞，不怕打压。一个好的领导者也同样得如孙悟空一般，虽然被压在五行山下五百年，出来以后也绝不改英雄本色。

3. 开拓者

从开拓这个词的词义解释中就可以看出，它指的是开创、创新的意思，开拓者就像第一个吃螃蟹、第一个吃西红柿的人。

鲁迅先生说过，世上本没有路，走的人多了就有了路，所以作为一个新时期的领导者，学习前人的领导方法自然是不错的选择，但是要学会创新，多去走几条别人没有走过的路，多想一点别人没用过的怪招，虽然走的时候可能会有一些艰难，但真正走出来了，不仅可以令自己脱颖而出，也可以令不安分的下属们防不胜防。千万别像唐僧一样，除了念紧箍咒这招之外，就没有别的办法了。

4. 演讲家

一个优秀的演讲家为什么会有那么多的听众？那是因为他们经过艰苦探索和认真总结，对生活中的某一领域有了相当的熟悉与了解之后，又形成了独具特色的演讲表达体系、手段和方法，表现出独特的演讲气质、风采和格调，形成了鲜明的演讲风格。所以，他们会有无以计数的热心听众。而作为一个领导者，掌握和灵活运用语言技巧也同等重要，因为语言作为人类交流沟通中必不可少的工具，它会最直接、最全面地帮助你表述自己的感受、态度以及管理决策。

同样，语言也是一种武器，一来用于自卫，二来用于攻敌。所以，领导者也应该在语言的运用基础上有一个质的飞跃，如果勤加实践训练，那么，你的语言会变得气势惊人、入木三分。

5. 工程师

广义上的工程师是指具有从事工程系统操作、设计、管理及评估能力的人员。工程师的称谓，通常只用于在工程学中的某一个技术范畴之内、持有专业性学位或相等工作经验的人士。而就职场而言，每一位管理者或领导者也应该成为一个优秀的工程师，为什么呢？因为工程师的工作无非是将意识里的创想通过自己的科学设计，而使其成为一个具体的事物。反观我们的领导者，又何尝不是经常在做着这样的工作呢？一个决策从最初的设想到后来的完成品，不正符合了由创想到实现的过程吗？所以说，职场万象，你要变得玲珑八面，就必须样样具备，学会了工程师的周密和逻辑，万事才会少些挫折和差错。

6. 慈善家

说起慈善家，每个人都知道是怎么一回事，它指的是那些热心公益、

经常参与慈善活动的人，他们愿意把自己的个人财富与社会上有需要的人分享。那领导跟慈善家有什么关系呢？

一个好的领导者，哪怕只是一个小领导，也应该具备慈善家的品质，首先要有悲悯之心，即悲天悯人、敬天爱人。所谓敬天，就是对上天和自然规律怀有敬畏之心，明白自身的无知和局限，克服自负的心理。所谓爱人，就是由己及人，以同情心和换位思考，去体验别人的感受，从而选择一种力求公平的处事风格和行为方式。

试想一下：一个领导者如果真有上述这样的思想情怀，难道不能说他是一个慈善家吗？一个领导能够做成慈善家，他不想飞黄腾达都难，不想青云直上也很难。因为民心会成就他的事业。

7. 艺术家

《辞典》里对艺术家的解释是指具有较高的审美能力和娴熟的创造技巧，并从事艺术创作劳动而有一定成就的艺术工作者。

官场也好，仕途也罢，无非就是一块画布、一只琵琶、一把雕刀罢了，而你应该做的就是利用你发达的审美感受能力、创造性的想象力、丰富的情感、娴熟的艺术表现技巧和空间想象力，借助官场随性发展。

总之，把领导工作当学问来做，就是要像做学问那样去思考、去研究，不动脑、不出手，不想明白不迈步；把领导工作当学问来做，就是要像做学问那样，尊重实际，尊重群众的首创精神，不懂就问，不耻下问；把领导工作当学问来做，就是要像做学问那样，严谨细致，精益求精，细微之处见功夫，精密之处见水平；把领导工作当学问来做，就是要像做学问那样苦中求道，淡泊宁静，豁达从容，视名利如浮云，视事业为生命；把领导工作当学问来做，就是要像做学问那样，求真务实，破解难题，攻克难关！

领导者七大角色艺术修炼圣经

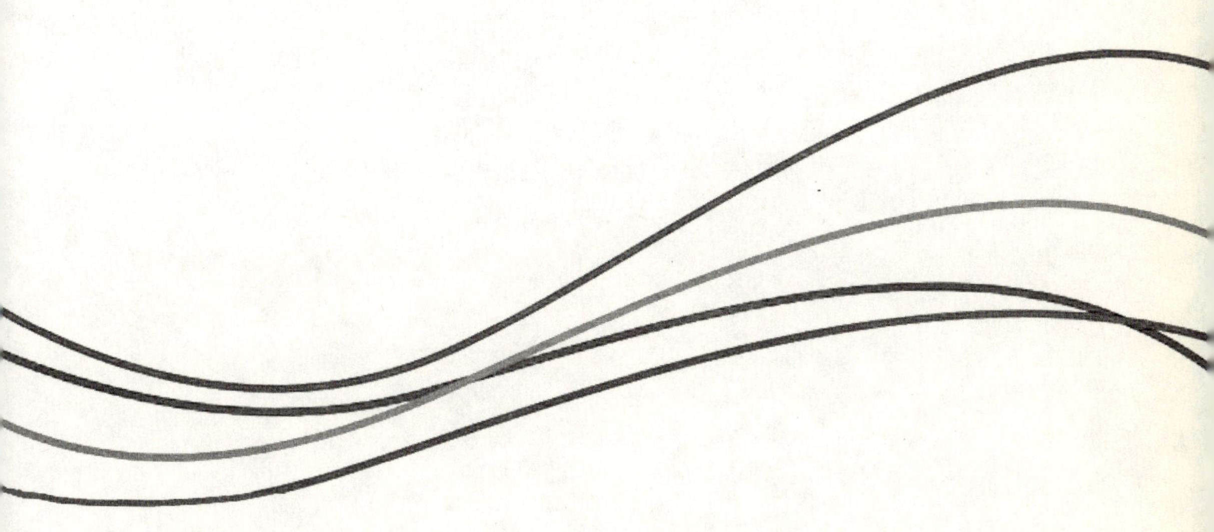

第五章　角色1　领导者——让驴拉好磨，让狗看好家的艺术

事必躬亲就是好领导吗

通用电器公司前 CEO、著名管理大师杰克·韦尔奇说过：“事必躬亲，只会累坏自己。习惯于相信自己，放心不下他人，经常粗鲁地干预别人的工作过程，这是许多管理者的通病。问题是，这会形成一个怪圈：上司喜欢从头管到尾，越管越变得事必躬亲，独断专行，疑神疑鬼；同时，部下就越来越束手束脚，养成依赖、封闭的习惯，把主动性和创造性丢得一干二净。”

通俗地讲，事必躬亲就是领导者总是什么事都要抓，什么事都要管，完全没有巨细之分。这样的领导看似是个十分负责任的人，但是这种责任感却常常让其他的人（尤其是下属）感到不舒服。

可见，事必躬亲未必就是好领导，其弊端有很多：

①使原本属于下属的工作，因为有领导代劳，下属就不用多花心思与力气，导致下属的潜能得不到开发，创新意识被抹杀。

②领导者的工作是统筹全局，但事必躬亲会占用大量的时间，导致没有时间对全局性的工作进行深思熟虑的思考和安排，结果反而捡了芝麻丢了西瓜。

③领导者事必躬亲会让下属不知不觉产生依赖感。不管简单还是困难

的问题，都要等领导者亲自解决，以后遇事你想抽身不管都不行。

④领导者事必躬亲还会让下属产生不良情绪。如两个下属发生冲突，原本可以自行解决，领导却非要出面干预，在不了解事情真相的前提下给出了不公正的裁决，问题没解决，反而令下属产生了怨恨情绪。

在这方面，迪士尼公司总裁迈克尔·艾斯纳就是典型的“事必躬亲”领导者。当然，艾斯纳对迪士尼的贡献毋庸置疑，他也因此成了迪士尼的“灵魂”。只是，不知何时情况变得不那么乐观了，他被员工指责为“好管闲事的领导”。艾斯纳事必躬亲，每周大大小小的部门例会都要亲自参加，每个剧本都要亲自阅读，甚至连公司的办公家具都要亲自挑选。也许他是个精力充沛、创造力极强的总裁。但是，如果一个领导者不能给公司其他有才华的员工提供一个舞台，让其自主创作，那么，这样的领导者也难以留住精英人才。很多员工正因为艾斯纳的存在而感到失落，纷纷转投其他公司门下。某位制片部的领导者在评价艾斯纳时说道：“艾斯纳的这种做事风格是很悲哀的。”

在现实中，类似艾斯纳的领导不在少数。他们名义上是高高在上的领导者，却总是做着员工的工作。归根结底，领导者之所以会事必躬亲，是因为还不够清楚自己本身的角色。在七大角色中，领导者是最重要的角色之一。这一角色要求领导者在领导活动中，按照自己的身份、地位，使权力和行为模式相符。想要扮演好“领导者”的角色，首先要认清自己的角色特质，准确定位才能避免角色错位。

1. 定位一：做教练员不做运动员

那些凡事都事必躬亲，什么活都往自己身上揽，对哪个下属都不放心的领导者，是“运动员”的表现。真正的领导者应该退居边缘，像教练员一样出谋划策，识人用人。让下属去执行，对具体执行情况做指导工作。运动员靠自己，教练员则要会用人。

2. 定位二：做“牧羊人”而不只是“领头羊”

很多人认为领导者应该像“领头羊”一样起到带头作用。实际上，领头羊在前面带头，如果后面的羊群不愿跟随它一起走，那么领头羊恐怕也无能为力。所以，领导者还要当好“牧羊人”，深入羊群中，控制整个队伍的行为和节奏，“牧羊人”是领导羊群的主体，但并不意味着要成为羊群的中心，更不意味着就要事必躬亲，独揽大权。而是要退到后面视野更开阔的地方，为羊群指明前进的方向。

3. 定位三：做“设计师”而不只是“船长”

有人说，领导者犹如一船之长，只要船长在，就能随时解决问题，直接控制船只及船上的人。但船长的影响力是有限的，因为所有人都知道，出了什么事船长会负责，有问题找船长就能解决了。到头来，船长不只要把握船只的行进方向，还要亲力亲为地为别人解决问题。与其如此，领导者更应该成为一名“设计师”，提前预防，避免问题，这样就有更多的时间和精力去做别的事。众所周知，领导者的重任是谋划未来格局，结果好坏往往就在领导者的一念之间。能够在事后及时解决问题的船长固然很优秀，但能够在到达目的地前事先计划，避免撞到冰山的设计师，才是领导者应该追求的更高境界！

领导角色的“三字经”

“抬高自己”是每个人的本能，领导者也不例外。许多领导都喜欢通过这样的方式向他人证明自己的实力。但需要注意的是，在“抬高”自己的过程中，领导者一定要抬高自己的长处，也就是我们通常所说的“扬长避短”，否则就会给人一种名不副实的感觉。但问题是，如果领导者没有对自己进行正确定位，则很可能拿自己不是优点的某种特点（甚至是缺点）作为炫耀的资本，那就事倍功半了！

这让我想起了某次的培训课上与学员们分享过的一个小语言故事：

在一个美丽的夏夜，一只蜗牛背着自己沉重的壳笨重地向前爬着，迎面飞来了一只飞蛾。“老兄，这么晚了，这是要上哪去儿啊？”飞蛾问。“天太热了，睡不着，出来走走。”蜗牛回答道。

“你怎么走得这么慢啊？你看我的速度要比你快多了。”飞蛾用讥讽的口吻说。“这正是我的特点，我一向稳重行事，从不乱跑乱闯，一步一个脚印地走，并且，我每走一步，都要在路上留下我的脚印，这样做可以使我记住自己走过的路线，不会迷路。”蜗牛骄傲地回答。飞蛾也深有感触地说：“我和你不一样，只要看到有光亮的地方，我就会以最快的速度冲上去。追求光明是我最大的优点，我这个脾气一辈子都无法改变了。”就在它们谈话的时候，前面有一团火苗在熊熊地燃烧，飞蛾抬头看到了这团火苗，高声叫喊起来：“我看到光明了。”说完便不顾一切地向火苗扑去，不一会儿，飞蛾便被烧得无影无踪了。蜗牛看到这一切，哈哈大笑：“和我吹了半天，原来是一个喜欢自焚的家伙，真是太可笑了。”不知什么时候，一只大公鸡顺着蜗牛留下的脚印跟踪上来了，看到蜗牛后，上去一口把它给吃掉了。

这则寓言里的蜗牛和飞蛾，有一个共同的特点，就是喜欢自吹自擂，殊不知，它们所吹嘘的正是自己的致命伤，也正是由于它们各自所谓的“优点”而双双丧命。有的领导者也是一样，他们经常说：“我的下属被我管得服服帖帖，都是敢怒而不敢言。”这样的领导是不称职的领导。

现代管理讲求的是人性化管理。作为领导，用暴力手段来获取员工所

谓的听话是不会长久的，其实这是一种管理上的缺陷，更不能以此作为炫耀的资本。领导者必须要做好自身的定位。简而言之，就是要明确领导者的任务是什么。领导者的任务是指挥下属去完成一个目标，管人不是领导者的最终目的，而是一种手段，粗暴的管理方式就更不可取了。

1. 莫被权力“魔杖”冲昏头脑

领导者要做好自身的定位，首先，要明确自己手中权力的用法。不要被权力的“魔杖”冲昏头脑，让它变成统治员工的工具，而应该是利用权力来制订企业的发展目标，统筹安排下属的工作范围和工作。其次，要树立个人威信。良好的个人威信是领导艺术的核心，是带领员工前进的一面“旗帜”。领导者要想打造个人的威信，绝不能自吹自擂、夸夸其谈，这是破坏个人魅力的“杀手”。领导者要有临阵不慌的果断力，遇到危机，能够做到“谈笑间，樯橹灰飞烟灭”，这是最让下属信服的品质。最后，要敢于公开自己的缺点。一般人很难做到这一点，作为企业领导就更难了。其实，公开个人的缺点丝毫不会影响你的声誉，相反，会让人感觉到你是一个讲诚信的人，是一个可以信赖的人。无端地粉饰自己缺点的领导难以服众，也难以受下属拥戴。

2. 勇于说出“我错了”

在家庭里，当家庭成员之间说出“我错了”这三个字时，总容易引起对方的爱怜。当领导者对他们的员工或团队适时说出这句话时，对员工的信心构建会起到意想不到的作用。很简单的一句“我错了”，对领导者来说，是最难说出来的一句话，但也是最需要学会说出来的一句话。

你也许会说，一个领导者向下属说出这三个字，会不会丢面子，有失威信？

美国前总统比尔·克林顿在说话时很有技巧。他曾告诉出席联合国世界食品日的代表们说："我们一直在乱花钱，包括我自己！"克林顿以这种方式表达了对农民利益的忽视与歉意。克林顿还曾对没有干预卢旺达的种族屠杀而说出自己错了。他曾因自己的私人行为说出："我那样做了，我错了！"如果一个领导者不能以及时的方式承认自己错了，那么他永远不会承认错误，也不会改变方向，不会取得成功，结果是变得更糟，离成功也就越远。

一句"我错了"，也许可以让你走上一条更为道德的道路，也许据此就可能保住了自己的职位并继续发展自己的事业。

当然，没有谁会希望领导者三番五次地被迫说出"我错了"。大家其实更期待领导者能够运用良好的判断力，多做出正确的行为。最好的领导者会在自己周围聚集很多比自己更聪明的人（至少在某些事情上显得更聪明，以便对自己可能犯错误的风险予以预警与管理）。聪明的领导者会与下属真诚对话，权衡事实，听取意见，然后做出更明智、更主观的决定。

当领导角色开始遭遇信任危机

没有任何领导者不喜欢能像小狗一样听话，又像老黄牛一样踏踏实实跟着自己干的下属。可想象永远只能停留在想象的层面，现实往往很残酷，你根本分不清下属心中真正在想什么，不是时不时被下属的阳奉阴违玩弄一把，就是把你交代的活又像踢皮球一样给踢回来。

这种领导很值得同情，可同情并不等于赞成。这类领导真的需要好好反省一下，是不是你的领导风格或者方法措施损伤到了下属？否则下属为什么会这样对待你呢？是你对下属不够尊敬吗，还是不够信任下属？

你只是一个领导，除了在几个下属面前被称为领导外，在老板面前，你也只是他们的下属。有一天，当你的上司开始怀疑你、不信任你时，你

该怎么办？我似乎已经听到你在说："乌鸦嘴，别乱说话，我的老板对我可好了，人家说了疑人不用，用人不疑。"可这世间，不怕一万，就怕万一！

言归正传，当领导的，最容易遇到的麻烦自然是你的下级不服你，偷偷越权找你的领导去参你一本。恰好，你的领导竟然有点相信了，这时候，你是委屈地大喊冤枉还是也学着你的下级去越级控诉呢？这些方法，可能会得一时的痛快，不过却不是好办法，"以退为进"方为上策。

1. 以退为进，是一种大智慧

如果你的上司真相信了你的下属说的话，并当面询问你时，不管如何解释，你的上司总会先入为主地认为是你错了，所以，还不如学着公孙弘面对汲黯的指责和汉武帝的询问一般，一句也不辩解，全都承认。这是何等的智慧呀！公孙弘的高明之处，就是对指责他的人大加赞扬，认为他是忠心耿耿的。这样一来，便在皇帝及同僚们的心中为自己树立了这样的印象：公孙弘确实是宰相肚里能撑船。既然众人有了这样的心态，那么公孙弘就用不着去辩解什么了，因为这不是什么政治野心，对皇帝构不成威胁，对同僚构不成伤害，只是个人对清名的一种癖好罢了，无伤大雅。

以退为进，是一种大智慧。特别是领导者，在这方面如果运用得好，更能受益匪浅。作为一个团队的领袖，受大众至少是团队内部成员的关注程度肯定会高于一般人。而有些人可能对情况不怎么了解又喜欢乱下结论，甚至有时候会有一些莫须有的罪名强加到头上，这时候作为领导者如果去辩解反而会让人觉得你心中有鬼，即便最后得到澄清也极可能给旁人一种不好的印象，更何况有时候你在无意之中还真的会犯一些错误。

2. 不辩自明的公关技巧

对没有的事情，无须争辩，事情终会有水落石出的一天，那时候你不是可以得到更多人的尊敬吗？犯什么小错就承认，也没什么大不了的，人家反而会觉得你人格高尚，勇于承认错误，更易得到大家的谅解，而且一个光明磊落的人即使错了又能错到哪里去呢？不辩自明，是一种极好的公关技巧。

俗话说，作战如同治水一样，须避开强敌的锋头，就如疏导水流一般；对弱敌，要进攻其弱点，就如筑堤堵流一般。

知耻者近乎勇，连领导都能够自省自检，那还有什么办不到的呢？但是，你的批评一定要是善意的，真正是为下属着想的，这样，哪怕他一时思想拐不过弯来，也没关系。等拐过弯来后，他定会对你心存感激。这样的批评对于大家来说都是蜜糖，反之，不当的批评就会成为毒药，成为你和下属之间发生冲突的导火索。

如何让驴拉好磨，让狗看好家

从管理的角度来说，并不是只要一成为领导，就能拥有正确委派工作给下属的能力。

如果连活都不会派，那还当什么领导？你可能会认为，给人派活的确是挺简单的，只要上嘴唇和下嘴唇动一动，这事就成了。可如果你真的这样认为，那你就大错特错了。

作为领导者，是那个可以改变结局的人，何不让驴子安心干活，让狗儿安分看家？

那如何才能让驴儿安心干活，狗儿安分看家呢？团队里，每个人各有所长，同样也各有短处，关键是将这些人依其专长而委派到最适当的职位，使其发挥自己所长，进而促进企业发展。所以，要让驴儿安心干活，狗儿安分看家的前提是必须要知人善任。领导一个团队，就应该明确各个

下属的性格特征，利用他们的长短把他们安排到适当的位置上。只有这样，你才是一个称职的领导。

其实很多时候，下属并非我们想象的那么平庸。那么这该怪下属没有给你认识他才能的机会，还是要怪你这个领导没有给下属发挥才能的机会呢？

1. 管理的贝尔效应

其实，一个优秀的领导者就得给下属一个发挥才能、脱颖而出的机会。管理学中有一个贝尔效应，其由来是贝尔这个人天赋极高，有人估计过他毕业后如果去研究晶体和生物化学，肯定会赢得诺贝尔奖。但他却心甘情愿地走上了另一条道路，把一个个开拓性的课题提出来，指引别人登上了科学高峰，此举被称为“贝尔效应”。

要具备能够产生这一效应的领导者，一点也不能含糊，必须具有伯乐精神、人梯精神、绿地精神。在人才培养中，要以国家和民族的大业为重，以单位和集体为先，善于慧眼识才、放手用才，敢于提拔任用能力比自己强的人，积极为有才干的下属创造脱颖而出的机会。

一个领导者要有爱才之心、识才之能、容才之能、用才之艺，不拘一格选拔人才，大胆放手使用人才，着眼于人才能力的发挥。用才的实质是找出有价值的事，然后大胆地放手让下属去做，这样自然就容易让下属信任你。还有，作为一个或大或小的团队或组织，下属在许多方面是依赖于自己的直接上属领导的，因为不仅是对公还是对私而言，领导者给下属下达指令、分派工作任务的同时，下属也同时在考验着领导者的水平与能力。

2. 管理要是非分明

为了使起点省事化、过程简单化、结果满意化，下属会提出各式各样的理由、要求与条件，以达成自己的任务目标。如果领导者满足，则会受到下属的感激、支持与拥护；如果满足不了，则会被下属认定为不支持工作，一旦目标实现不了，就会找出一大堆辩驳的理由。所以，对待下属的要求，必须先判别是否合理，不仅根据自身的能力量力而行，而且还要从组织的实际情况出发去考虑，不能因满足部分人的合理要求而伤害全体的利益，或影响组织的长远发展大计。如果是自己能力范围内能够争取到的、合理的，则要大力甚至是全力地支持下属，这也直接关系到领导者的业绩。经过认真判断，如果下属提出的理由与条件是非分的、不科学、不合理的，作为领导者一定不要拖泥带水，此时要做一名“黑脸包公”，断然拒绝，不要怕得罪下属，这也会显示出领导者的果断与分明，今后下属也不会再提出类似的要求，反而会尊重你。

还有一点，领导者要想搞好工作，应该与下属保持较为亲密的关系，这样容易赢得下属的尊重，下属在工作时也愿意从领导的角度出发，替领导考虑，并尽可能地把事情做好。但同时又要保持适当的距离，尤其是在心理距离上。这样既可以保持领导的神秘感，也能够减少下属或下属与下属之间的胡乱猜疑，避免不必要的争斗。唯有这样，才能够真正达到“让驴拉好磨，让狗看好家”的境界。

领导力与执行力，你有吗

杰克·韦尔奇曾说过：“在这个竞争求存的知识经济时代，要想获得成功，只有不断地提升自己的能力，增强自身综合素质，不断地提高自己的领导力。一个组织尤其是企业要想获得持久的成功，就必须重视领导力与执行力，以适应变革，保持竞争优势。”可见，领导者要成功实现角色转变，必须在领导力和执行力提升上下工夫。

领导力是指内生于领导系统并作用于领导资源配置过程的力量，即来源于领导结构、领导性质、领导方式，体现领导功能及领导规律要求，主要由领导机制来实现的力量。而执行力，通俗地讲就是一种为了实现组织的共同目标而能够激发其他人在你的带领下努力工作的能力。

保罗·盖帝曾经说过："无论有多少知识，如果他不能带动人完成使命，也是毫无价值的。"具有领导力的领导者不等同于具有职权的管理者，前者是靠个人魅力来影响别人的，领导力不是法定的权力；后者则是依靠规定的权力管理人或事。领导力和执行力不是学校书本中能学得的，它需要不断地培养。总之，领导者要想提升领导力，需要从提升个人魅力和决策水平两方面入手。提升执行力则要建立完善的规章制度和严明的纪律，确保执行力的实施；形成良好的领导风格，强化执行力；加强组织内沟通机制的建设，提升执行力；不断提高员工的素质，建设好提升执行力的基础；发挥团队协作的功能，提升执行力。

1. 领导力

领导力是一座灯塔，指引和召唤企业员工为实现企业目标和自身价值而奋斗。

领导力是激励别人前进的动力，使员工愿意为企业"甘洒热血写春秋"。

领导力是一种无形之力，不能借来，只能不断地培育和创造。

那么，领导者应该如何提升领导力呢？

（1）提升个人魅力

提升个人魅力主要是从性格的各个方面塑造自己，比如，要诚实守信、严于律己、做事稳重踏实、不骄不躁，凡事从自身做起、为员工树立榜样等。领导力的形成不是靠口头上说出来的，而是靠具体行动做出来的。领导者自身有一种强烈的人格魅力，会像一个强大的磁场一样，吸引员工模仿他，从而激发他们努力工作。

（2）提升决策水平

提升决策水平主要从培养敏锐感觉、理智决策及果断行动三个方面进行。

面对同样的问题，有的领导者能够料事如神，防患于未然；而有的领导者只能被动采取行动。这其中最大的区别就在于该领导者是否有敏锐的感觉。只有敏锐才能把事情做在前头，好事办好、坏事化了。敏锐不是天生就有的，它是在实践中不断地养成和提升的。

理智决策主要是在企业遇到大的可能会决定企业发展方向的问题上，领导者一定要理智地分析和决策。在信息瞬息万变的时代，领导者必须凭借敏锐的感觉抓住机会后，理智地做出决策，果断地行动才能赢得下属尊重。

2. 执行力

提升执行力也是领导者必须进行的一项工作角色转换。一项调查表明，现代企业40%的成功取决于企业执行力。小托马斯·沃森在他的《一个企业和它的信条》里说过："面对日趋激烈的竞争，一个企业和组织成功与失败的差距，从某种意义上说就是执行力强与弱之间的差距。"因此，如何提升执行力是领导者必须面对的问题。

那么，领导者应该如何提升执行力呢？

（1）建立完善的规章制度和严明的纪律，确保执行力的实施

企业中有完善的规章制度就如同社会中有完备的法制一样，它能够确保企业员工照章办事。一项计划制订下来后，好的企业制度能够督促人们很好地按照计划执行，而不完备的企业制度则不能保证计划的实施。严明的纪律也是执行力的强大保证。

（2）形成良好的领导风格，强化执行力

良好的领导风格，会强化执行力。杰克·韦尔奇经常与员工沟通，看

计划的执行情况如何，长此以往就形成了一种良好的领导风格。如“雷声大，雨点小”、“文件满天飞”的做法则是不值得提倡的。

（3）加强组织内沟通机制的建设，提升执行力

加强组织内部沟通机制，有助于高层领导了解组织内部真实情况以及员工的真实想法和需要，有针对性地解决问题。

（4）不断提高员工的素质，建设好提升执行力的基础

现在的企业越来越重视企业内员工素质的提高。一项计划执行得好坏在很大程度上要看具体执行它的员工素质的高低。高素质的员工知道如何在高效率、低成本的条件下将工作做好。

（5）发挥团队协作的功能，提升执行力

个人的力量总是有限的，有些工作要大家一起来做才能做得更好。因此，领导者要重视企业内团队协作的作用，提升执行力。

运筹帷幄，你行吗

俗话说：“失之毫厘，谬以千里。”这句话很好地描述了领导者运筹帷幄、进行科学决策的重要性。哈佛商学院的一项调查表明：企业的成败主要取决于两大因素，即决策和管理。其中决策因素占80%，管理因素占20%。领导者所做的重大决策如果出现一点失误，就可能会导致企业在一个项目上的全盘皆输，甚至是整个企业的失败。因此，领导者的决策是企业成败的起点，只有做好了第一步，才有可能运筹帷幄，做好其他的工作。否则，其他工作做得越好，离成功就越远。所以，要想成功地实现从明星员工向领导者的角色转变，新上任的领导者必须要培养自己运筹帷幄、科学决策的能力。

要想科学决策，领导者应加强修炼和学习以下几方面。

1. 优化知识结构，避免决策随意性

任何人做出的每一项决策都是建立在个人知识结构基础上的，如果自身知识结构完善、丰富、合理，那么做出科学决策的成功率就高。否则，做出的决策就可能带有很大的风险。因此，为提高决策的科学性，领导者应不断地优化自身知识结构。

2. 加强情商教育，保持健康心态

情商是一个人的兴趣爱好、性格、意志力以及情绪等心理个性品质方面的完善程度。情商的高低在一定程度上反映了一个人智商的高低，反映了一个人认识、控制、调节自身以及与他人关系的能力。领导者要做到科学决策，必须理智、沉着，不受情绪左右。健康的心态是决策正确的前提。

领导者不妨先来做个情商测验：

• 表情不开朗，很少展现笑容，表达情绪的方式通常是骂人、忍耐或委屈情绪起伏很大，不易了解。

• 在意别人对自己的看法，生活较紧张，无法轻松自在。

• 做事的态度拖拉，慢吞吞及被动。

• 对于已约好的事，无法守信用地完成，或草率地完成。

• 被问及问题时常会用“不知道”、“随便”来回答，或是不说话，或是顾左右而言他。

• 对自己要求很高，达不到标准时心里很不服气。

• 等待的能力很低（即做什么事都很急，耐不住性子）。

• 担心自己不会就放弃参加，或说活动无聊、低级，不愿尝试新事物或经验。

如果对上述问题的回答是肯定的，说明你的情商不高，应不断地加强

自身的思维能力，培养多思、远思、深思以及创造性的思维模式，克服惰性。时刻保持思维的灵活性，不束缚于原有的经验、思维框架。只有这样，才可能做出科学的、适应环境变化的决策。

3. 科学决策要遵循的原则

在修炼了自己的决策能力后，只要遵循正确的原则，领导者就能运筹帷幄，科学决策。

有人说，科学决策的秘诀是"90%的信息，加上10%的直觉"。由此我们可以看出掌握充分的信息在决策中的重要程度。领导者在进行决策时，必须要收集尽可能完备、准确的信息，帮助自己做出正确决策。如果信息泛滥、毫无准确性可言，那么管理者会被信息所湮没，无法进行科学决策。

在掌握了准确、完备的信息之后，领导者就要利用这些信息，根据决策对象进行系统分析。分析系统内外部环境要素之间的相互关系，从公司全局利益出发，整体考虑，最终做出科学决策。

科学可行原则是指运用科学方法、技术等对决策方案进行可行性推断，确保做出的决策具有可行性。否则，一个再好的决策方案没有可行性也是毫无实际意义。

在决策中，可行方案也许不止一个，这时要做的工作就是对比各方案优劣势，从中选择最满意的。这是科学决策非常重要的一条原则，因为对于领导者来说，做任何一项重大决策，都不能只制订一个可行方案，而应该制订多个方案，并在多个方案中进行比较选择，之所以不选择最优而选择最满意，是因为最优方案约束条件往往非常严格，现实中很难达到，最满意的方案针对性和操作性更强。

能力再高、再强的人都有自己知识的误区或盲点，领导者的决策不容有半点闪失，因此，在做决策时一定要集思广益、虚心求教，切不可独断专行。

第六章 角色2 思想家——选择“鱼”和“熊掌”的艺术

鱼和熊掌，你会选择哪一个

好多时候，只关注领导是如何办事的，但却从没有关注过他们的思考过程。因为在他们的行动中是没法看出他们是如何来思考的，只好简单地去模仿他们的行事风格。结果呢？原来那些成功领导之所以成功，只是因为他们比我们想得更远一点。

例如，遇到一件事情时，我们一开始有一个想法，然后又冒出一个想法，而且这两个想法还是对立的，于是思维就开始陷入了一个怪圈，就是鱼和熊掌要如何去选择。当一开始强迫自己选择鱼或者熊掌时，往往忘了鱼的鲜美或者熊掌的滋补，心里更多的是被鱼的那些刺和熊掌的腥臭味给困扰了，这就等于让大脑放弃了寻找更有创意的解决问题的机会。此时，我们就需要采用整合性思维来思考问题，去想如何让鱼和熊掌能够兼得，哪怕不能兼得也可以考虑一下有没有什么东西能够既有鱼的鲜美，又有熊掌的滋补，从而取代它们，走出是要选择鱼还是要选择熊掌的怪圈。

一位从事历史专业的朋友与我分享了这样一则故事，并给了我不小的启发。

在南朝时，齐高帝曾与当时的书法家王僧虔一起研习书法。有一次，

高帝突然问王僧虔：“你和我谁的字更好?”这问题比较难回答，说高帝的字比自己的好，是违心之言；说高帝的字不如自己，又会使高帝的面子搁不住，弄不好还会将君臣之间的关系弄得很糟糕。王僧虔的回答很巧妙：“我的字，臣中最好；您的字，君中最好。”皇帝就那么几个，而臣子却不计其数，王僧虔的言外之意是很清楚了。高帝领悟了其中的言外之意，哈哈一笑，也就作罢，不再提这事了。

一个成功领导人的真正特点，既不是商超的战略，也不是完美的执行，而是一种整合性的思维准则——放弃“非此即彼”的选择，利用两种对立观点之间的矛盾来寻找一条更好、更有创意的解决方案。就像上面故事里的王僧虔，他聪明地绕过了是去选择鱼或熊掌的问题，通过整合性思维，将两个冲突的观点升华为一个更富有创意的观点。

那么，要运用整合性思维有没有什么捷径可走呢?

1. 考虑复杂性与关联性

在做出决策的时候，第一步一定要学会降低问题的复杂性，尽量舍去一些认为无用的因素，甚至一开始就不去考虑某些因素。

决策的第二步，是分析众多因素间的关联性。

在分析因果关系时，具有传统思维方式的人，习惯像第一步时一样，采取狭隘的观点，所以他们常常会采用最简单的做法，就是找出两事物间直接的因果关系。但是当完全厘清了决策中各个因素间的因果关系后，接下来就可以做出决策了。有了决策就会产生方案，而通常我们会接受一个争议较少、较为折中的方案，这样不会有太多的反对意见，看上去也好像是最佳的选择。之所以会这样，是因为当我们做出决策的时候，由于渴望将事情简化，以致忽略了种种机会，从而无法找到新颖的方式来做出决策，只能从“矮子里面挑高个子”。

2. 考虑其他潜在的却不引人注意的方案

能够超越传统思维的人会去考虑其他潜在的却不引人注意的方案，从两个方案中选出一个较好的，然后得出一个新的、更好的方案。甚至在新的方案出来后，仍不满意，回到起点，重新开始分析。表面上看来，他们在做决策的时候非常犹豫不决，但是作为一个整合的思考过程，就要求我们从整体上反复考虑相关的关键因素。当最终得到一个令人满意的方案的时候，与最初的“二选一”的方案比较，我们就会发现，如果没有这样一遍又一遍的思考，原先的方案会给最终的执行带来巨大的损失。

兵熊熊一个，将熊熊一窝

团队有一个有胆有谋、有魄力、有水平、有信誉、有方法的领导者也是非常重要的。因为，只有当这个团队的领导者非常强大时，他的文化气息、管理理念才会在这种强势的推动下得以充分展现并发挥作用。

在这种情况下，弱者可以变为强者，强者也能变为弱者，而决定这一变化的正是双方的领导者。在一个团队中，领导者的一言一行都会影响团队成员的思想和行为。

1. 兵熊熊一个，将熊熊一窝

如果让一只羊领导一群狮子，那么这群狮子迟早会变为羊；但如果让一只狮子领导一群羊，这群羊也迟早会变成狮子。

你或许会说这只不过是一个假想的故事，真正打起来的时候，故事的结局肯定会向相反的方向发展。因为群羊的本性会想着让狮子保护，而不想也不敢进攻，对狮子产生过重的依赖性，所以狮子的本领再大也无法支

撑起整个团队的发展。羊除了叫喊两声以外，顶多能给团队带回两把草，而团队要的却是更多的肉。可现在团队只有这群羊，怎么办呢？狮子只能既要做大的规划，又要做小的策划，还得亲自操作团队的管理；既要做老市场维护沟通，又要做新市场开发，还得去做执行，真是东边防火西边抗洪，后边还得应付大羊的半信半疑和小羊的流言蜚语，最后东边不亮西边也不亮，累得半死却无功而返。因此，羊头狮群必然打败狮头羊群。

但事实上，有什么样的领导者就有什么样的团队。领导者是团队的旗帜，是团队成员的表率，其一言一行都是团队成员学习和模仿的对象。另外，作为一个团队成员，要想使自己的才能不被埋没，就要时时刻刻把团队的整体利益放在首位，为了实现团队的共同目标而敢于放弃自己的个人利益。

2. “羊群”是否变“狮群”

经验告诉人们，判断领导者的领导力是否有效的唯一标准是领导者的下属，看他们是否也足够强大，是否足够自信。只有“羊群”已经变为“狮群”时，领导力才算是足够有效。

举个简单的例子，在肯德基，当餐厅运营遇到问题时，他们的员工经常会自发组织，甚至直接把领导叫过来开会，这个时候并没有领导与员工之分，大家各抒己见，得出解决方案后立即执行，效率之高令人钦佩。

肯德基的员工在自己的领域内拥有相当的自由，在与上级发生分歧时，也敢于提出自己的意见，这表明员工有足够的信心，并被赋予了强烈的责任感，“羊群”已经变成“狮群”。所以，我们可以用四点评判标准来评判自己的团队是否有“羊群”变“狮群”的可能：

一是下属是否可以按照自己的方式处理事物，在职责范围内是否拥有自由感？

二是下属与上司意见不同时，他是否还能够拥有自己的主张并果断

提出？

三是下属对所从事的工作及其远见价值是否具备认同感、使命感？

四是下属是否具备足够信心来不断地挑战自我？

下属是检验领导力的唯一标准。高明的领导者善于淡化自我，更不会将自己“神化”，而是努力强化整个组织的力量；将整个组织的目标与下属个人的目标相统一，而不是简单地把目标变成数字。

知道“老子”就是大思想家

老子，是中国人心中的大思想家，因此作为一个思想家一样的领导者，又怎么能不向老子多学习一下呢？那么，老子的什么思想可以用来管理吗？首先，可以研究一下他的“无为而治”。老子提出的“无为而治”究竟是怎样的一个理念呢？不妨来听听老子当年是怎么说的：

有一次小徒弟问：“假如有一个人，同时具有果断敏捷的身手与深入透彻的洞察力，并且勤于学道，这样就可以称为理想的官吏了吧？”老子摇摇头，回答说：“这样的人只不过像个小官吏罢了！只有有限的才能却反被才能所累，结果使自己身心俱乏。这就如同虎豹因身上美丽的斑纹才招致猎人的捕杀，猴子因身体灵活，狗因擅长猎物，所以才被人抓去，用绳子给捆起来。有了优点反而招致灾祸，这样的人能说是理想的官吏吗？”小徒弟又问：“那么，请问理想的官吏是怎样的呢？”老子回答：“一个理想的官员功德普及众人，但在众人眼里一切功德似乎都与他无关；他的教化惠及周围事物，但人们却丝毫感觉不到他的教化。当他治理天下时不会留下任何施政的痕迹，但对万物却具有潜移默化的影响力。”老子接着说道：“当然，无为不是叫领导者完全撒手不管。它

必须有两个先决条件：第一是制度的运行和个人礼义修养有很高的水平；第二是百姓的衣食住行都必须充裕供应。这样，放任才不会变成放纵。同时百姓日常所需有了充分供应，人们才不会被生活所逼，做出互相残杀或以下犯上的事。”

后人根据“无为而治”的原则，把管理者的领导艺术分为四种类型，即：“太上，不知有之；其次，亲而誉之；其次，畏之；其次，侮之。”通俗地讲就是：“最好的统治者，人们觉察不到他的存在；其次的统治者，人们亲近他、赞誉他；再次的统治者，人们畏惧他；最次的统治者，人们轻侮他。”

那么，如何才能做到真正的无为呢？

1. 培养下属的主动性，不要无故干涉下属工作

尤其是要尽量少施行命令或指示，有一则寓言叫《鞭子与驴》，说的就是这个道理。

有人买了一头驴，让驴拉车，驴却不动。赶车人以为驴没吃饱，把驴喂得肚子滚圆，驴还是不动。赶车人又让牛和马来给驴示范，驴仍然不动。赶车人气急了，挥动了鞭子，驴熟练地拉着车子大步向前走了。赶车人好奇地问：“你会拉车，为什么一直站着不动？”驴回答说：“你一直没有挥鞭子。”

命令用习惯了，往往下属做事会缺少主动性，总是“你说一下，他动一下”，就像上面寓言故事里的驴，你不挥鞭子，它就不干活。除了以上说的，真正的无为而治，是对下属的各种活动尽量避免介入或干涉。

2. 善于正确地利用部属的力量，发挥团队协作精神

孔子的学生子贱有一次奉命担任某地方的官吏。当他到任以后，却时常弹琴自娱，不管政事，可是他所管辖的地方却治理得井井有条，民兴业旺。这使已经卸任的当地官吏百思不得其解，因为他每天起早摸黑，从早忙到晚，也没有把地方治好。于是他请教子贱："为什么你能治理得这么好？"子贱回答说："你只靠自己的力量去进行，所以十分辛苦；而我却是借助别人的力量来完成任务。"

很多领导者，老喜欢把一切事务揽在身上，事必躬亲，管这管那，从来不放心把一件事交给手下人去做，这样使得他不仅整天忙忙碌碌，还会被大小事务搞得焦头烂额。其实，一个聪明的领导者，应该像子贱一样，要善于正确地利用部属的力量，发挥团队协作精神。这样不仅能使团队很快成熟起来，同时，也能减轻自己的负担。要相信"少即是多"的道理——你抓得少些，反而收获就多了。管理者，要管头管脚（人和资源），但不能从头管到脚。

其实，老子的"无为而治"的精髓是人力本身的无所作为，但制度本身则运行不违。严明法纪，制度严明，下属的注意力自然就转移到这些形式上的条文中，而不是管理者身上，于是管理者隐藏于制度身后。也就是说，以制度之有为行自身之无为，这才是真正聪明的思想家应有的管理之道！

太极里的思想艺术

在太极中有相生相克一说。什么叫相生？什么叫相克？按词义解释，就是说在生态系统中每一物种都占据一定的位置，具有特定的作用，它们

相互依赖、彼此制约、协同进化。那么，据此而谈论到领导和下属的关系，就是一损俱损，一荣俱荣。

既然关系如此亲密，那为什么总有不喜欢被调教的下属，总有听不进下属意见的领导呢？又该如何让领导与下展和谐共处、共同发展呢？不妨跟老祖宗学习一下相生又相克的道理。

先来举一个最简单也最形象的例子。比如在外面你是一个领导，可回到家是不是在老婆那里根本不管用？你说一句，你老婆回两句。这个时候，你的孩子跳出来嚷上一句：“别吵了！”然后呢，你老婆是不是一下子就安静了？这就叫相克。所以，你管理下属也是这样，在现在的知识经济年代，下属里总有一些水平是高过你的，因此如果你把用来管理比你弱的人的那套方法拿出来管理这样的人，肯定是不行的。管理强势的下属，就得把他放到你管理的大团队里，让他们相生也相克。

当领导的是喜欢那些有才干的人，可这类人大多恃才傲物、难管理，你如果要伤精费神非得找一个比他更有才气的人去降伏，这就成为恶性循环。所以，就得运用相生相克的反向思维，懂得组配上一个特质完全不同的人，往往是解决问题并且一举多得的诀窍。

这就像博大精深的中医理论，如果你的肝脏有病，西医的治疗方案就是治肝，但是真正懂得中医的医生，一定从肾治起。为什么？因为它们是相生的，水生木，或者说是肾生肝，他一定先解决肾的问题，进而从源头上解决它。

1. 团队也是相生相克的产物

我们管理团队也是这样，管理团队中如果少了一部分人，这个团队就不好管理，很多时候因为少了一些人，另一些人得不到制约。一个团队中，从决策一直到反馈，如果我们把它放到五行的圈子里，我们也会发现相生相克的关系，执行生监督，监督生改善，说的就是这个道理。

相克会使每一种东西都发展到极致，对人也是同样的道理。比方说，一个人特讨人厌，专门挑毛病，挑毛病一个顶三，干什么都不行，那就让他当质量检查监督员，让他专门挑刺儿去，就是用得其所。不能干事不要紧，一个足智多谋的人不一定适合当将军，往往足智多谋的人在当将军的时候，执行力不够，因为思虑太多。将军不需思虑太多的人，参谋型的人就要放在咨询这个位置上。就像《西游记》里的那个团队，他们每个人都有一堆臭毛病，这样的团队，如果让他们落单去取经，那是绝对取不到真经的，唐僧没本事还没取到经就早被妖怪给吃了；孙悟空定力不够，动不动就跑回花果山；猪八戒也一样，三天两头想着散伙，分完东西好回高老庄；而沙僧又没有主见。可就是这样的组合却能够取到真经，而且变成了完美的团队。总之，每个人都有缺点，但由于组合在一起，大家相生又相克就组成了一个优秀的团队。

金庸的小说《天龙八部》里有一对死对头——萧远山和慕容博。他们每一次决斗都欲置对方于死地而后快，但真的面临生死时，彼此心里竟变得空落落，不是滋味。这就像在官场里混，总有一些人令你不得安生，搅得你一想起他们来就头大，但也正是因为他们才使得你斗志昂扬，打起十二分精神来面对挑战。

人与人之间也有相生相克的道理，真的悟透了，你也进入另一个境界了，而你的顿悟，有时还真的要感谢这些不听话的下属。管理人就是这样，相生会有相克，这样一个团体，其实是互补型的人才团队、相生相克型的人才团队。

2. 思想家不是空谈家

一个领导，如果他整天在人前高谈阔论伟大的思想，却从不见把思想落实到行动上来，那么他只是一个空谈家。一个领导，如果他做事总是前怕狼后怕虎，缺少冒险精神，那么他只是一个胆小鬼，永远不可能出成

绩。所以，切忌让自己成为一个思想的巨人，行动的矮子。

也许你会叹气，我是想把思想化为行动，可是我怕失败，更怕这样的行为会给自己带来不良影响，影响以后的发展。可是你明白没有，你的上级领导永远不会喜欢一个平庸的下属占着位置不干活。他必须见到你的行动。所以，你得目光长远一点，否则等待你的将是自取灭亡。

一个只顾眼前利益的人，得到的终将是短暂的欢愉；一个人即使目标高远，如果不和现实结合起来，等待的也是灭亡。就像你整天想的——我想飞得更高，可是你如果光想着飞，却不想出飞的方法并尽力去飞，永远也不会成为一个成功的领导。

那么，要怎么行动才有好的结果呢？“卓越领导者要善于捕捉闪光般的思想，更要勇于将思想化为行动。”这是韦尔奇给我们的忠告。

韦尔奇就极其重视员工的在职训练和教育工作。公司的训练中心，在韦尔奇任执行总裁之前，只是公司用来对那些没升上官的人聊表慰意、送去充电的地方。韦尔奇虽没有在那里受过训，但掌权之后，将训练中心的地位大大提高，变成公司重要干部的培训之地，并且训练中心的课程，和公司长短期的发展规划密切配合。韦尔奇视去中心授课和与学员闲聊为乐事，而员工也视能赴训练中心镀金为鲤鱼跃龙门的机会。今天美国很多大公司的高层领导者都来自韦尔奇的公司。韦尔奇的这套管理原则，不但为公司获得了巨大的成绩，也为管理界留下了很好的典范。

劳其筋骨，饿其体肤

孟子说，故天将降大任于斯人也，必先苦其心志，劳其筋骨，饿其体肤，空乏其身。

所以古往今来，有多少想成大事者，一直把“苦其心志，劳其筋骨，饿其体肤，空乏其身”这十六个字奉为葵花宝典，去修炼去执行。于是，也就有了现如今领导们拿来鞭策下属的“饥饿疗法”。饥饿，顾名思义当然是饿着肚子吃不饱了。不过饿着肚子谁还想干活呢？所以这个疗法并不是真的不给吃，而是只吃七分饱，使人始终保持一种饥饿的状态，这才有助于增强员工的内在活力。

饥饿疗法，光从字义来说挺有道理，古话常说，“惯子不孝，肥田收瘪稻”。温室里培育出来的花朵是不可能长久的。所以，领导想用此疗法来增强下属艰苦奋斗、努力拼搏、不畏艰险、知难而上的精神。得之越难，爱之越深。患难之交，情深似海。

1. “饥饿疗法”真的有用吗

一个电视节目中讲到，一个80后的私企老板因为创业过程十分艰辛，在创业初期甚至经历过没饭吃没地方住的困境，但这种艰难并没有让他放弃理想，相反更促使他坚定自己的信念，一定要做成功自己的事业。由此他感悟到，“饥饿”能激发人奋进，从而促使自己更加努力地工作。而且他在国外留学时也学过“饥饿疗法”的理论，因此创业成功后，他就把这套理论应用于自己的公司。因为他发现他的员工，每次发放工资前几天就开始大量购物、大吃大喝等，等发放工资后，变得更加“挥霍”，由此他觉得这样按时发放工资会让员工缺乏“饥饿感”，员工不懂得珍惜自己的劳动所得，同时也没有奋发向上的积极性。于是，在每次发放工资时，他都故意拖欠一段时间，虽然和员工签订有合同，同时公司制度里面也规定有发放工资的具体时间，但他并不按照规定来执行，他认为，这样做就会使员工因为缺钱而产生“饥饿感”，这样做一可以迫使他们学会珍惜自己的劳动所得，二可以促使他们产生一种积极向上的奋斗精神，从而更加努力地工作。但他意想不到的是，同样作为80后的员工，却将他告上公堂，并且称他的行为是“压迫”和“剥削”。对于他的“好心”，员工根本不

领情，因为员工认为自己付出了劳动，就应该按时得到工资报酬。

这是一个很失败的案例，因为下属们根本没有理解领导对他们的良苦用心，还以为真是遇到了一肚子坏水的领导。所以，“饥饿”只有来自自身，才会激发积极奋斗的精神；而将“饥饿”不分区别地运用于他人，却只能激发“仇恨”。就比如中国人都知道的另一个刻苦学习的方法——头悬梁锥刺股一样，这样的方法用到自己身上，是励志，用在别人身上那可以坐牢了。

2. 多动脑子再执行

领导们可以学习，也可以借用这个方法，但如何学习如何借用，就得用一点技巧了，就如下面这个小故事所讲的那般：

一家业务一直蒸蒸日上的公司，今年的赢利竟大幅滑落。董事长心头很忧伤，因为马上要过年了，照往例，年终奖金最少加发两个月，赢利多的时候甚至再加倍。今年可惨了，算来算去，顶多只能给一个月的奖金。董事长忧心地对总经理说：“许多员工都以为最少加两个月奖金，恐怕飞机票、新家具都定好了，只等拿奖金就出去度假或付账单呢!”总经理也愁眉苦脸了：“好像给孩子糖吃，每次都抓一大把，现在突然改成两颗，孩子一定会吵。”“对了!”董事长突然触动灵机，“你倒使我想起小时候到店里买糖，总喜欢找同一个店员，因为别的店员都先抓一大把，拿去称，再一颗一颗往回扣。那个比较可爱的店员，则每次都抓不足重量，然后一颗一颗往上加。说实话，最后买到手的糖没什么差别，但我就是喜欢后者。”没过两天，公司突然传出小道消息：“由于营业不佳，年底要裁员。”这时人心惶惶。每个人都在猜，被裁的会不会是自己。最基层的员工想：“一定由下面杀起。”上面的领导者则想：“我的薪水最高，只怕从我开刀!”但是，接着总经理就宣布：“公司虽然艰苦，但大家同在一条船，再怎么危险，也不愿牺牲共患难的同事，只是年终奖金，绝不可能发了。”听说不裁员，人人都放下了心头上的一块大石头，心中那种不会卷铺盖走人的窃喜，早压过了没有年终奖金的失落。眼看除夕将至，人人都做了过个穷年的打算，彼此约好拜年不送礼，以共度时艰。突然，董事长召集各部门领导者召开紧急会议。

看领导者们匆匆上楼，员工们面面相觑，心里都有点儿七上八下：

“难道又变了卦？”是变了卦！没几分钟，领导者们纷纷冲进自己的部门，兴奋地高喊着：“有了！有了！还是有年终奖金，整整一个月，马上发下来，让大家过个好年！”整个公司大楼内，爆发出一片欢呼声，连坐在顶楼的董事长，都感觉到了地板的震动。

同样都是让下属感到了饥饿的方法，但为什么结果却如此不同？这大概就是死搬硬套和动心动脑的差别了，所以，领导们，好多时候方法是好的，但在执行的时候，请多动一动脑子再执行！

学习当学孙悟空

领导者除了要具备领导能力外，还必须勇于承担责任和一切后果。就像沉船前船长永远最后一个弃船一样。

现实中，很多领导者经常抱怨招不到合适的人选或自己的下属无能。他们的逻辑是，领导要成功不是靠单干，而是要靠能干的下属。因为自己所能拥有的下属数量有限，所以，他们往往对所选的下属能干与否表现出高度关注。再者，他们正处在新上任时期，都急于站稳脚跟，急于出业绩。因此，他们会觉得让业绩不好和那些不顺他们心的人空占着位子是不能容忍的，于是便想方设法换掉他们，这样才有机会纳入有能力的新人。

然而新人到了之后，因为需要时间适应，短期内业绩做不上去，心急的领导者又会认为所招的人不对，便将新招的人开掉。新人本来能力和经验就不足，新组建的团队往往许多事也需要时间理顺。因此在任务完不成的时候，新任领导的压力就更大，只好不停换人，形成恶性循环，团队业绩长久不好。于是新任领导索性有了业绩不佳的“合理”借口：一是下属人数不足；二是下属素质不行。就是不从自己身上找原因，想办法改变自己。

领导必须明白：首先，业绩好的人员是需要培养的。领导不是高高在上的工作，而是以身作则的辛苦差事。领导者不下工夫辅导和激励下属，提高他们的业绩，而是等待或强迫下属出成绩，就像是埋齐种子不加呵护却祈求大丰收的农夫一样愚蠢，在苛刻的竞争环境下根本不会成功。

其次，把没有“丰收”的原因归罪于“种子”不好，不停地“拔苗”“换种”，不仅收获来得慢，而且也不具备作为一名领导者应有的“信念”。领导者应该确信，他们是靠人来实现最终目标的，人是自己通往成功的路径，因此应该关注人和人的感受。

当人们遇到巨大压力的挑战时，或心存困惑，或由于畏惧和不知所措而颤抖，以致能力不能正常发挥，业绩自然欠佳。这时恰恰需要一个领导者来引领、激励大家并指明方向，通过辅导和支持与众人渡过难关。团队的业绩不好，领导者不仅需要提高自己，学习激励和辅导下属的技能，更要承担业绩不佳的后果，而不是怪罪下属无能，将失败的责任转嫁到下属头上并将他们炒掉。“大难临头”时，下属需要辅导，更需要一个负责任、有承诺、靠得住的领导者！

《西游记》里的孙悟空，他在大闹天宫的时候除了如来佛祖之外，好像没有人能够降伏得了他，这么厉害的一个角色保护唐僧应该一点问题没有。可问题恰恰出现，从保护唐僧西天取经之后，孙悟空的本领是一天不如一天，随便个什么角色他都对付不了，都得去搬救兵。如果说之前孙悟空本领大，唐僧离不开他还有情可原，可是后来到处求人的事情，猪八戒好像应该更适合一些，毕竟他曾是天蓬元帅，认识的人多，而且这事沙僧也能办。那么，为什么孙悟空凭自己的本事已经打不过妖怪，还要到处求人，可唐僧还是离不开孙悟空呢？猪八戒和沙僧为什么凡事还是把他当成主心骨呢？一句话，你如果要想当好这个小领导，让所有人都看得起你、依赖你，都把你当成主心骨，你还真得学习一下孙悟空的优秀品质。

1. 孙悟空的坚韧性

孙悟空在遇到各种困难和各种妖魔鬼怪的时候，从来没有害怕过，也从来没有被诱惑上当过，这点可以看到他的意志力非常强。猪八戒通常情况下会被诱惑，而沙僧多数情况下没有主见，只有孙悟空知道应该怎么办，知道做事情的最根本的原则，没有困难能够挡住他，没有问题能够困住他，这是孙悟空的坚韧性中“坚”的特性。

在与各种妖魔鬼怪交锋的过程中，孙悟空很少有被真正捉到的时候，即便是被妖怪用某种法宝捉到也能想办法跑掉，这个本事不得了，猪八戒和沙僧如果被捉到，几乎没有能够逃脱的。正因为孙悟空能够逃脱，所以他能重新回来与妖怪打，也能马上去搬救兵。这是孙悟空的坚韧性中“韧”的特性。孙悟空的这种坚韧性使得他从来不会被困难击倒，这也是他每次能最终救得唐僧的根本原因。

2. 孙悟空的高效率

孙悟空的效率非常高，一是只要做了决定马上就行动，二是一个筋斗云就是十万八千里，马上能够到达目的地。你看他每次被妖怪用法宝降住逃出来后，马上又到洞前叫阵，对方还没有休息他就又来了，这样的侵扰策略令妖怪筋疲力尽，既没有吃唐僧的时间，也没有吃唐僧的心情了。搬救兵的时候，筋斗云更是派上了用场，多远的距离转瞬间就到了，妖怪还没有休息好，这边救兵就到了，这为救唐僧赢得了充分的时间保障。

3. 孙悟空解决问题时的导向很正确

如果唐僧被妖怪捉住，他的目标很明确，为了保护师父不被妖怪吃掉，他会想出各种各样的办法，变成小飞虫、变成水果，继续与妖怪死缠烂打。总之，他的目标非常明确，就是不论通过什么办法，首先得保住师父，然后解决掉妖怪。只要是能想到的办法，他都不会放弃。鬼鬼祟祟偷东西他不在乎，低三下四求人他也不在乎，跑到人家肚子里使坏这种下三滥的手段还是不在乎，只要能解决问题，其他的都不重要。他所做的一切就是为了一点，解决问题。

4. 孙悟空自我牺牲的精神和快速学习的能力

原来桀骜不驯、自封齐天大圣的孙悟空，到后来到处求人，孙悟空能不难受吗？当然难受，但他深深地知道，如果只有通过他求人才能够解决掉问题，求人又能怎么样？面子不再那么重要了，重要的是他们师徒四人要完成取经的重任。为了团队的利益，为了集体的荣誉，丢一点个人面子，牺牲一点自我尊严又算得了什么呢？从孙悟空前后的变化，可以知道他是一个勇于自我牺牲的人。从原来的天不怕地不怕，凡事靠自己解决的齐天大圣，到后来到处协调资源来解决问题的孙行者，或许这是一种无奈，但却让我们看到了能够针对外部环境的变化而采取不同方法的孙悟空，这表现出来的是一种快速学习的能力，从而形成快速的适应能力。这样，孙悟空逐渐具备了资源整合的能力，这是解决更复杂问题的能力，同时更是对原有能力的一种超越。

第七章　角色3　开拓者——破釜沉舟、打破常规的艺术

破釜沉舟需要一点勇气

想要获得成功，单凭智慧是远远不够的，必须要有破釜沉舟的勇气。

在某次培训中，我曾与大家分享了这样一个故事：

在很久以前，西红柿可是一种生长在秘鲁的森林里，叫做“狼桃”的东西。由于它艳丽诱人，人们都怕它有毒，只欣赏其美而不敢吃它。16世纪时，英国王子俄罗达格里从南美洲带回一株西红柿苗，献给他的情人英国女王伊丽莎白。从此，西红柿便落土欧洲，但仍然没有人敢吃它。当时，英国医生警告人们，食用西红柿会带来生命危险。若不是美国人罗伯特上校采取了一次破天荒的行动，恐怕人们至今仍不知道西红柿是什么滋味。

而当领导也一样，当你的下属“前怕狼、后怕虎”畏缩不前时，你敢不敢也像罗伯特一样，大胆地尝试一口看似有毒的西红柿，充当表率作用呢？如果你没有那个勇气，那你就得甘于面对死气沉沉的现状。如果你性子急，等不及，那么为何不拿出破釜沉舟的勇气来把死马当成活马医一下。

这个故事告诉我们，破釜沉舟需要一点勇气，实践出真知。人的认识来源于实践，离不开实践，有时甚至要经过反复的实践论证，才能最终获得科学、正确的认识。

那么，领导者究竟该怎么做呢?

1. 创新应以实际工作需要为前提

在管理工作中开拓进取，是为了帮助领导者打破旧的管理弊端，开辟一条新的现代化管理之路。但前提是，我们应该以实际工作需要为前提。

我有一位搞建筑设计的朋友。他们部门的管理方式就很特别。在那里上班，员工可以不打领带，不穿西装，可以工作时听音乐。这样看起来表面好像很不规范，但实际上对于这种需要创作灵感的工作而言，如此轻松、随意的工作氛围反而是最好的。

这一创新方式换作其他行业就未必适合。比如销售行业，如果销售员可以随意着装，不打领带，与客户交谈时戴耳机听音乐。后果可想而知。所以，不可盲目创新，更不能一味地为了创新而创新。脱离了实践工作，创新就没有意义，或者说，难以将开拓创新的作用发挥到极致。

2. 领导者自身的创新学习，高效工作

“我每天忙得像一个陀螺，连思考的时间都没有，哪有时间学习啊?”这是许多领导者的真实写照。实际上，你真的有那么忙吗？事实上，无论你多么忙，也不是不进行创新学习的借口！

领导者忙，是因为工作责任管理头绪多，忙得有道理；领导者忙得没有时间提高自己，处于低水平应付工作，忙得就不科学了。要纠正这种倾向，领导者必须合理安排时间，做好时间管理。其中关键是要理解和善于利用80/20原则。

80/20 原则同样适用于时间管理，如果所有的工作项目都根据价值大小来排列，80% 的价值来自只占 20% 的项目，其余 20% 的价值来自 80% 的项目。

领导者要挤出时间来进行学习，必须做好时间序列安排，分析目前时间利用的现状，找出时间浪费的原因；每天制订任务清单，并根据轻重缓急将各项事情排序。清单上不必列出日常琐事，只需列出对今天来说很重要、需要特别注意的事情，以便最佳地利用时间并勇于舍弃不太重要的事情。这样合理安排，领导者就可以避免无谓的时间损失，提高效率，就可以安排时间用于自身提高。

无论你多忙，也不应成为不学习的借口。面对新职位的挑战，领导者只有不断地给自己充电、加压，才能适应职位对技能的要求，才能做一个合格的领导者。

你可以不求多、快，只求领悟不去死记，独立思考，举一反三，逻辑严密，在“思”的指导下去写去听，善于发现听中的问题和重点所在，搞清辩的目的，不去“无为而辩”。

你可以善于观察，观察后要及时进行总结实验，要做得有针对性，不能脱离实际，学以致用才是高效率的体现。

领导者就不能有“阴谋”吗

通向王者之路不能只有胸怀，还得有点“阴谋”。都说一个好领导就得有一个宽广的胸怀，这话不假，不过这里不想去强调如何把胸怀修炼得宽广，想重点说的是阴谋并不只是枭雄的专利，想当英雄一样的领导，时不时也可以玩一把阴谋的。

什么？竟然教领导玩阴谋？

没错，但我可不是让你去玩像德国作家汉·威奢基尔希笛夫所写的一个小寓言里的山鹑那样的阴谋。为了让你直观地了解一下什么样的阴谋不是我们提倡的，我有必要与你们分享一则我在课堂上讲到的小故事：

有一天，一只被捕捉到的山鹑恳求猎人饶他一命，并说：

“以后我会把许多小山鹑以及它们的伙伴引来的，你只要把网张开，就一定会捉到一大群山鹑的。”猎人听了后说道：“你对自己的同胞都这么阴险毒辣，何况对待别人或者像我这样的敌人呢？我宁可现在就要了你的命，这样更保险！”说着，猎人把山鹑的脖子拧了下来。

像山鹑这种弄虚作假、搞阴谋诡计的人，必将落得身败名裂的下场。所以，我们的阴谋可不是冷冰冰的利益算计，更不是损人利己的坏招，而是一些善意的小阴谋、小诡计。

1. 小阴谋、小诡计应该是善意的

小李和小王是在同一家公司上班的好朋友，一直以来小李都觉得在这家公司有怀才不遇的感觉。一天，他对小王说：“我要离开这家公司。我恨这家公司！”小王听了，打心眼里不愿意好朋友离开这家公司，因为他一直觉得不是公司不重用小李，而是小李在做事的态度上有问题。那要如何留住小李，并让小李改变做事的态度呢？小王眼珠子一转，说道：“我举双手赞成你报复公司！破公司一定要给它点颜色看看。不过你现在离开，还不是最好的时机。”

小李听了诧异地问道：“这是为什么呢？”小王见小李上钩了，便说道：“如果你现在走，公司的损失并不大。你应该趁着在公司的机会，拼命地去为自己拉一些客户，成为公司独当一面的人物，然后带着这些客户突然离开

公司，公司才会受到重大损失，变得非常被动。”小李觉得小王说的还真是有道理，于是便又留了下来，而且变得努力工作起来。心遂人愿，半年多的努力工作后，小李有了许多的忠实客户。小王看到心里很高兴，但还是故意对小李说：“现在是时机了，你要赶快行动哦!”小李一笑道：“哎呀，老总跟我长谈过，准备升我做总领导助理，我暂时没有离开的打算了。”这正是当初小王的初衷，看到好朋友得到这样的结果，他发自内心地笑了。

这才是我们提倡的小阴谋、小诡计。所以，做领导的也可以多跟故事里的小王学一学，看似一个小阴谋，可最后却扭转并改变了别人的命运。

2. “知彼知己，百战不殆”，使计的前提是正确分析对手

在《魏书·侯渊传》里记载着这样一则故事：

北魏大都督侯渊，率领七百骑兵，疾奔袭击拥兵数万的葛荣部将韩楼。他孤军深入敌方腹地，带着一股锐气，在距韩楼大本营一百多里地之处，将韩楼的一支五千余人的部队一下子就打垮了，还抓了许多俘虏。侯渊没有杀俘虏，而是将他们放了，还把缴获的马匹、口粮等东西都发还给他们。侯渊的部将都劝他不要纵虎归山，以免增加敌人的实力。侯渊向身边的将士们解释道：“我军仅有七百骑，兵力十分单薄，敌众我寡，无论如何不能和对方拼实力、拼消耗。我将俘虏放归，用的是离间计，使韩楼对他们疑心，举棋不定，这样我军便能趁机攻克敌城。”将士们听了这番话，恍然大悟。侯渊估计那批释放的俘虏快到韩楼占领的蓟城时，便率领骑兵连夜跟进，拂晓前就去攻城了。韩楼接见曾被俘的这批部下时，有些不放心，当侯渊紧接着就来攻城时，便怀疑这些放回来的士兵是给侯渊当内应的。

于是他由疑而惧，由惧而逃，弃城而去，没走多远就被侯渊的骑兵部队追上去并活捉了。

作为一个团队的领路人，有时候为了取得竞争的胜利还真的需要一些谋略。在自己处于不利地位的时候，采用瓦解对方士气，破坏对手团结的招数确实是一招妙棋。而作为一个在市场上领先的企业来说，众多的竞争对手都对你虎视眈眈，特别是作为一个企业的管理者，人家可能正对你进行深入的剖析呢，比如研究你的爱好，然后有针对性地采取一些策略。因此，如果不小心防范，可能就会有和韩楼一样的遭遇了。“知彼知己，百战不殆”，认清对手固然重要，有时候正确地分析并了解自己却更为要紧。

你对人才够“狠”吗

对人才狠一点，绝不是说要嫉妒人才，在背后专门干一些拖人后腿的坏事情。这只是开发人才潜能的一种方式，一种让B级人做A级人的事的有效方法。这是不是有点“狠”的味道？你一定觉得这是在强人所难，因为我们的老做法就是量才而用，什么等级的人就安排去干什么等级的事。不过既然说自己是开拓者，那当然不能沿用旧传统的做法来创新，这可是开发人才的一种最新的成功做法。意思就是让低职者高就，最终的目的就是通过压重担子，促进其成长。

海啊集团就是一个典型的例子，它可谓全国汽车用品行业里的一匹“黑马”。根据《中国台州网》的报道，其产品95%出口欧美，它从城郊乡村的简易民房起步，短短20年，迅速成长为一家涉及汽车饰品等多个产业的新型企业集团。为什么海啊集团能够做得如此牛？该集团的老总说：“那无疑得益于正确的用人之道，而最具代表性的方法就是让B级人做A级人的事。”而说起这方法，最具代表性的传奇人物就数这家公司的技术开发总监陈建。

2002年下半年，陈建还是刚进企业的技术员工。由于他刻苦钻研，开发设计出多种产品款式，在市场上颇为受欢迎，2004 年被企业破格提拔为业务领导者助理。提拔后的陈建更加努力工作。

2005 年他设计的一个产品被一个大客户看中，当场签订了 9000 万元的大订单。当年，他又被破格提拔为技术开发总监。陈建的快速“成长”，是海啊集团让 B 级人做 A 级人的事的用人之道的经典范例。

所以，让 B 级人做 A 级人的事的这种做法，它不同于人才高消费，更有别于人才超负荷，这可是一种比较科学、恰到好处的做法，既让员工感到有轻微的压力，但又不至于感到压力过大。工作职位稍有挑战性，有助于激励员工奋发进取。

1. 适时调整

再好的方法也不能一而再、再而三的滥用。等下属做事到了最佳状态时，也要学会立即调整，这也是一种打破常规的做法。你是不是觉得刚刚把刚才所说的方法用熟了，用顺手了，现在又要去改变，挺烦人的，而且又怕得不偿失？团队人才的成长是有规律的，人的才能增长是有周期性的，你老把一个方法不断地重复使用在一个人身上，他会觉得很有压力，会感到很痛苦的。所以，就得适时地去调整一下。

最好的办法就是让下属想干什么就去干什么吧！或许你又开始吃惊了，你又在心底嘀咕：这还了得，下属想干什么就干什么，这不乱了套吗？如果他们说我当下属当腻了，现在想坐你这个位置，那该怎么办？这不是养虎为患吗？

这里说的想干什么就干什么可不是这个意思，而是说，总要求下属要干一行爱一行，其实不见得谁干了就真正会去爱，别看他做得好好的，但不见得有多欢喜，或许是满怀委屈。所以，领导者就是要营造一种宽松的环境，在可能的情况下，尽力去满足下属的兴趣、爱好和志向。这样，下属心情舒畅，才能各展其长，充分释放自身的能力。

2. 营造良好环境

单打独斗、个人英雄主义的闭门造车般的工作方式在现今社会已越来越不可取了，反而团队的分工合作方式正逐渐被各企业认同。管理中打破各级各部门之间无形的隔阂，促进相互之间融洽、协作的工作氛围是提高工作效率的良方。不要在工作中人为地设置屏障分隔，而是要敞开办公室的门，制造出平等的气氛，同时也就敞开了彼此合作与心灵沟通的大门。

对一个单位、一个部门、一个机构来说，最重要的一点是营造出一个快乐、进步的环境，这样一来，在同事之间可以形成上下公开、自由自在、诚实沟通的良好氛围。

学会“放风筝”

放风筝可是一件技术活，天时、地利、人和都缺一不可。天时，得有风，没风你放什么风筝；有风了还得是顺风，否则风一会儿从东边起，一会儿从南边起，你白忙活半天，风筝还好好地在地上躺着呢！

这道理即使我不说，相信你也懂，既然懂，那么再来谈一谈风筝的另一个特质，就是一根长长的线紧紧地拴在风筝背后，不管风筝在天上再威风，只要你抖动一下手中的线，基本上你让它朝东它不敢朝西，你让它朝南它不会朝北。所以，通过这个特质，就想到领导者和下属的关系。作为领导者，你就是那根拴着风筝的线，而下属当然就是那在空中随风飘舞的风筝了。而如何管理好那只风筝，你就得学会收放自如的“风筝式管理”。

要想让你的风筝容易飞起来，就得花点血本买个好风筝，而有时花了血本买来的好风筝，却不见得能真正飞起来，这就得从你身上找一找原因。抛开放风筝的技术来说，就得看看是不是你对风筝管理不当而影响了风筝升起来。而这就像一个一直做事挺不错的下属，突然有一天做事不给力了，那么你就得去多关心下属，看看是不是他在生活上遇到了问题。不过关心也是要有方法的，千万别把你的关心变成了我曾为学员讲过的故事中的巴顿将军。

有一天，巴顿将军为了显示他对部下生活的关心，搞了一次参观士兵食堂的突然袭击。在食堂里，他看见两个士兵站在一个大汤锅前。“让我尝尝这汤！”巴顿将军向士兵命令道。“可是，将军……”士兵正准备解释。“没什么‘可是’，给我勺子！”巴顿将军拿过勺子喝了一大口，怒斥道：“太不像话了，怎么能给战士喝这个？这简直就是刷锅水！”“我正想告诉您这是刷锅水，没想到您已经尝出来了。”士兵答道。

1. 放风筝的学问

我们关心下属，就得善于倾听，这样才能让下属更好地工作和生活。放风筝当然得有风——没有风，风筝放不起来；有了大风，随便谁都能放起来。而考验领导是不是真有本事，真能把下属这只风筝放起来，就得在无风的时候。无风时却要放风筝，这不是为难人吗？那没风是不是真不能把风筝放起来了呢？我还与学员分享过这样的故事：

一个小孩子，在草地上放风筝，因为没有风，风筝怎么也飞不起来。于是他沮丧地站在那里，等待着风的来临。他的父亲走过来，问：“为什么不让手中的风筝飞起来呢？”小孩答道：“没有风，风筝飞不起来。”“没有风？你自己不就是一股风吗？”“我自己就是一股风？”小孩疑惑地问道。“对呀，你跑起来，不就是一股风了吗？”小孩开始跑起来，他感到自己真的成了一股风——一股奔跑的风，一股热情奔放的风，而风筝也慢慢地升

上了天空。从那以后，每当遇到束手无策时，小男孩就会想起父亲的这句话：“跑起来，你就是一股风！”

所以，无论如何，我们要学会主动找到我们生命中的大风，让下属那只风筝高高飞起来。

当风筝上升时，要全力放线。有朋友会问，在管理中该如何授权？这本是一个很难回答的问题。但用放风筝来比喻，就非常容易回答了。当你的下属能够胜任一件事时，要大胆放权、授权。在这个时候，如果握权不放，后果可能就会断线，至少你失去了一个让风筝飞得更高的机会。而我们知道，风筝飞得越高越稳。

2. 收风筝的学问

与放风筝对应的是收风筝。风筝下降时，要谨慎收线。收线和风的作用是相似的，能够让风筝再次稳定下来。授权放权的必要条件，就是你手中有一条能够控制风筝的线。当事情没有按你的计划进展时，适当地介入、检查、讨论、沟通、帮助、改变、收权、收缩战线，进而让下滑的风筝重新升起来。如果您这时选择不做任何事情，有两种可能，风筝遇到另一股风——自己又升了起来，或者风筝会滑落到地上。

放风筝只是一个游戏，有的人的成就感是把风筝放到最高并且保持在高空；有的人的成就感是不断地让风筝从地上升起。每人的目标不一样，每人的游戏也就不同。但上面的规律是一样的，限制越多，人的惰性越大。

所以，为了提高人的积极性与主动性，我们必须提供相应的条件，在充分挖掘每个人的潜力的情况下最大限度地达成预期目标。在严格保证目标的前提下，注重为下属提供宽松、自由的创新环境和资源，人尽其才，挖掘每个人的潜力，充分发挥每个人的优势，使其成为完成目标的加速器。

我们想象一下，如果你在放风筝时，第一步就把所有的线都放出去将会怎样？风筝会永远飞不起来。再想象一下，如果你只放出一小段的绳子会怎样？让风筝飞起来的唯一方法就是你要跑动，只要你一停下来，风筝就会栽到地上。

在放风筝的时候，你必须先跑起来让风筝飞到天上，一旦风筝放到一定的高度，你就可以放出一些绳子，然后让风筝稳定一下飞的状态，再放出一些绳子，然后再让它稳定。那么，你是怎么看待放风筝的呢？要让风筝飞得足够高，就要看风的条件。

培养员工也是一样的。你首先要努力助跑，对员工进行必要的现场培训，让他们开始起步，然后让他们逐渐进入状态，从而把决策的任务从你身上转到他们身上，最后在他们能够自己独立工作的时候，你就可以采取高效的模式进行管理了。

我们可以把这种培养方式看成是逐渐放开风筝的绳子。通过这种方式，你可以让下属保持动力，受到鞭策，并保持高效工作。你还可以通过这种方法使你的机构更高效地运转，并且使你在事业上保持进步。

“众人拾柴火焰高”

在某次培训课上，我要求每个学员为大家分享一个自己最喜欢的故事，其中，学员小刘分享了这样的故事：

在一条小河里，一群乌龟在水里自由自在地游着，它们快乐地捕捉着食物。正当它们无忧无虑地嬉戏时，灾难降临了，一只巨大的渔网将它们全都装了进去。群龟本能地缩起它们的脑袋和手脚，丝毫不敢向外张望，

只能听天由命。四周是那样的安静，没有一点儿声响，年龄最大的乌龟开始小心翼翼地伸出它的脑袋，想观察一下周围的情况。等它睁开眼睛的时候，发现它们全部被关到一个瓦罐当中。这个瓦罐不是很大，也不是很高。老乌龟经过确认，发现周围没有任何危险，才用手推了推其他的小龟们。

这时小龟们陆续地睁开了眼睛，发现所有的同伴都成了“瓮中之鳖”，于是全都不顾一切地将各自的身体竖立起来，手和脚不停地扒着瓦罐的壁，试图爬上去。可是瓦罐壁又光又滑，它们所有的努力都无济于事，最后全都累得双脚支撑不住自己的身体，倒在罐底，起不来了，有的仰面朝天，十分狼狈。只有那只老乌龟没有任何举动，因为根据多年的阅历，它心里十分清楚，这样做全都是徒劳，白费力气。要想脱险，没有一个好办法是不行的。经过冥思苦想，它终于想出了一个好主意。

小龟们的精力开始恢复了，又纷纷跃跃欲试，准备继续向上爬。此时老乌龟大喊一声：“如果你们想从这个鬼地方出去的话，就不要蛮干了，全部听我指挥。”这句话还真管用，大伙全都不动了，想听老乌龟有什么好办法。老乌龟清了一下嗓子，继续说：“凭我多年的经验来看，关住我们的是一个瓦罐，如果单靠我们每个龟的力量，是绝对出不去的，我们只有团结起来，才有可能出去。你们看过人类盖房子吗？我们不妨也学一学，一个爬上另一个的背上，直到离罐口不远时，这样我们的高度才能达到爬出去的条件。”大伙一听，觉得有道理，可是每只乌龟都想最先出去，没有一个愿意在最底下，所以，大家全都迟迟没有行动。老龟把身体向下一蹲，对大伙说：“来吧，踩着我上去！”老乌龟这一带头，大伙纷纷地涌了上来，按照刚才制订的计划，有条不紊地进行着，最后陆续有小乌龟爬了出去，只剩下了老乌龟和另外两只小乌龟，无论如何也爬不上去了。无论是已经爬出瓦罐的乌龟还是仍然留在罐中的乌龟都很焦急，不知道下一步该怎么办。这时老乌龟又说话了：

“把这个鬼东西推倒!”爬出罐外的小龟们立刻行动起来，不一会儿就把瓦罐推倒了。所有的乌龟都脱险了。

这个故事里的小龟们在老乌龟的正确指导下，顺利地脱险了。但是，假如老乌龟不带头甘当人梯，也同其他小龟们一样，一味地做无用功，假如没有任何一只小龟听从老龟的指挥，那么群龟就会不可避免地成为人们餐桌上的美味。

这位学员分享的故事之所以触动了我，是因为这让我想起了一句老话，“众人拾柴火焰高”。一个组织的成功离不开每个下属的努力，更离不开下属之间的相互协作，这就是至高无上的团队力量。团队的力量是无穷的，可以完成个人无法完成的任务，更能创造出无法想象的奇迹。

1. 领导者平时要多注意培养下属的团队意识

首先，领导者要以身作则。领导者是整个团队的一个成员，也是一个不可缺少的角色，其行为就是整个团队的旗帜，一言一行都会直接影响团队中每个成员的思维。一个自私自利、唯利是图的领导者如果去要求下属具有团队意识，是很难奏效的。

其次，要对下属加强团队意识方面的培养。每个人或多或少都会有自己的私心，这是讲求团队奉献的最大障碍。只要经常向下属灌输团队利益能够带动个体利益，从而共同发展的思想，日积月累，下属头脑中的团队意识就不难形成。

最后，要求领导者在评功论过时不要过分地强调某个下属的个人成绩，否则只会打击团队士气，助长个人英雄主义。

2. 建立团队高效的合作关系

在团队构建的练习中，领导者要跟团队成员一起努力，帮助他们摆脱

一些自我强加的约束，建立高效率的合作关系。同时，还要帮助他们明晰自己的目标，以及怎样才能达到目标，并帮助他们改掉引起团队矛盾的工作方式，找到更好利用团队所有可利用资源的工作方式。这项团队构建的工作给了我们一个特别的机会来理解团队合作的意义。

创造并保持团队高效的合作绝非易事。据恰特欧克咨询公司总裁托尼·达洛斯所说："这其中每种因素都是成就高效合作团队的关键。我们发现一些团队会因为其中某一个因素而陷入困境。但有趣的是，你总能用领导学的有关知识找到解决方案。如果领导者致力于解决问题，那么诸如任务模糊不清、目标不明确、缺乏沟通、决策机制不利，或者懒洋洋的工作气氛等问题都会得到纠正。如果领导不力，那这些问题就不会得到解决。"

所以，如果任务落到你头上，而你就是领导者，你就要起到推动作用。你的所言所行会决定团队的成败，所有领导者的言行也会决定整个机构是否能取得成功！

第八章 角色4 演讲家——上通下达、左右逢源的艺术

懂得倾听，才有资格发言

你可能会问：“你不是要教我演讲吗？演讲应该是说呀，为什么要教我听？听也要学吗？”

答案是肯定的。因为在人与人的交往中，倾听是一种非常必需的技能。一个善于倾听别人的人不仅会得到对方的尊重和依赖，还会得到对方的关注。反之，不善于倾听的人就会给人留下粗心、自私、自负的不良印象，这样不仅不利于你平常的人际交往，更不利于你接下来的发言。

试想一下，一个长者正在讲故事，他身边围了很多人在听，有的人是在认真地听，有的人却只是凑热闹，不时地做做小动作，或者跟旁边的人唧唧喳喳地耳语几句，然后这些小动作和耳语再影响到认真听讲的人，这些人的注意力便开始不再集中，那么这个长者还有热情再继续讲下去吗？他肯定会草草收场，而他正在讲的这个故事也许富含着很深刻的哲理，会对你的人生有一定的帮助，而你却错失了这样的一个机会，这将是多大的一笔损失呀！

1. 听的第一个层次——认真

比如，一个很有经验的老教师在给一群孩子上课，这群孩子如果都能

认真听讲，那么老师一定会讲得津津有味，会觉得有成就感，觉得自己虽然口干舌燥，但他把知识传授给学生了。他有热情，有激情，可能会连带着讲解一些课堂之外的知识，但如果这一群孩子都不认真听讲，那试想一下，这堂课会是怎样的一个景象？即便是再怎么优秀的教师可能也没有心情把它继续下去。这样，将会损失一个珍贵的学习机会。

当然，这是最浅层面的听人说话的原则，要求只有一个，就是认真，要注意力集中，要听到别人都说了些什么。然而，真正意义上的听却并非局限于此。

2. 听的第二个层次——用心去听，听出问题、听出缘由

说和听结合起来就是一种沟通，说话的人很明确地用语言向你表述一些事情、一些道理或者一个决策，而听者同样处于这个沟通的环节之中，你同样需要传输些信息给正在说话的人，那么你能运用的就只有热切的眼神和专注的神情了，你只能用这两样东西去表示你听到了对方在说什么，而且你在非常认真地听，你能理解他所说的一切，你很欣赏他，你从他身上学到了很多东西等。这些是一定要传输出去的信息。而且，有了认真听讲的基础，你才会有开口提问的可能。

举个例子，公司要开展一项新的业务，老总召开动员大会，你觉得自己很有才华，这是个很不错的表现自己的机会，你要把自己的想法和计划陈述清楚，以引起领导的重视。这是好事，可是如果连这项业务的具体要求都没有听清楚的话，你怎么去表述自己的计划呢？因为一件事情要经历很多个环节，每一个环节都有可能遇到不一样的困难和阻力，而你对这件事情只知皮毛，便忽略认真倾听，这样的话，即便你提出不错的工作计划也会三两句就被断然推翻。即便领导同样会重视你，但他会把你当成一个负面教材去审视的。

3. 听的第三个层次——配合回答问题

还有一种听就要更深层次了。

假如某次庆功会上，老总心血来潮向员工们讲述自己的发家史。这谁都晓得，没有一帆风顺的事业，每个人的创业都会历经千辛万苦。今日风光无限的老总定是经历过很多坎坷。这会儿，他正口沫横飞地讲述着自己的奋斗过程，而你举着杯子佯装在听，其实却在悄悄打量着身边的美女。老总讲到自己遇到的一个困难，但他卖了个关子，这会儿他目光一转看到你正悠闲地待在一边。好，那么你来说说，如果是你遇到这个困难你会怎么办?

如果你没有认真听，这会儿你肯定懵了，因为你连问题都不知道，你从哪儿找答案给他呢?这是大忌!假若你运气不错，认真听了，但这会儿也不能急于开口。你要分析一下，老总想要的是什么样的答案?虽然遇到困难了，但他肯定是没有放弃才会走到今天，而他之所以想据此去提问别人，这一定是一个很大的常人无法克服的困难。

那么，你要告诉他——如果是我遇到这样的困难，我会……总之，利用我的聪明和坚忍，我也会像老总一样克服这个困难的。

如果你真这么回答了，那么你又错了。

你要知道，没有哪个人会希望别人比自己更聪明，也没有哪个历经千辛万苦的人会愿意相信有人会比他更能吃苦。所以，聪明的话，你应该这样去回答他——这也太难了吧，如果是我，我可能会坚持但我肯定扛不过去。

记住，对待老总遇到的这个困难，你的态度是可能会坚持但肯定扛不过去。这是老总最想听到的回答，因为他不想听自己的员工在遇到困难的时候就回答他——这也太难了吧，我肯定就放弃了。这样的员工，老总肯定会先一步找机会来放弃你的。所以说，先要表态——可能会坚持，然后

分析结果——肯定扛不过去。这样做就对了，一是让领导觉得你能行，至少遇到困难不会退缩；二是让领导觉得你的能力和韧性与他还是有差别的。

官场上，你时常会遇到诸如此类的提问，这就要求你对于上司的提问不仅要听，而且要用心去听，再就是要用心机去听。这里的心机没有贬义的成分。

所以，尽管本章是以“说”为主题，但笔者想先一步教你要善于去听，因为一个人只有了解情况了才有发言权。没有专心的倾听，就永远没有开口说话的可能。于是我们可以这样去理解——听是说的敲门砖。尤其是对于一个中层领导，你时常要倾听上司的想法和计划，你以为他真的只是自己一个人说，然后你静静地坐在旁边听吗?

不是的，他之所以跟你交流，说明他对这个计划的想法还不是很有把握，他希望有一个人来响应他，而且是用他喜欢的方式，说出他想听的话。所以在这种情况下，用心倾听尤为重要，因为你只有听明白了，你才能更好地去配合他，才好去响应他。否则，只是话不投机半句多。所以，领导者若有心，不妨好好地学学“听”这门学问。

表达自我不需要难为情

在领导里有不少这样的角色，他们沉稳内敛，才精业专；工作踏实，认真负责。但他们有一个共同的缺点——腼腆内向、沉默寡言，他们信奉多做事少说话的古人圣训，他们被人倚重着也被人疏离着，他们被人称赞着也被人提防着。而这一切，都是表达惹的祸。

这样说并不是认定这些人都有表达障碍，他们大多数人应该是有大聪明的，但道理都藏在心里面，只是不愿意花费太多口舌罢了。可现实生活里，笔者并不推崇这样的做法，首先，这种人很难融入一个圈子，尤其是一个组织，他们的存在会使这个组织缺少一些融洽的氛围，因为他们言语很少，大家会对他琢磨不透，于是很多事情在交流上也会有所保留。天长日久，大家与这样沉默的领导之间始终会有鸿沟。其次，就领导者而言，笔者也不赞成太过沉默的做法，无论企业大小，身为一个中层领导肯定会压力大、困难多，就个人身心健康而言，一个人承载的重量毕竟有限，但如果一直不吭声地闷在心里，肯定有一天会出问题的。所以说，无论这样的领导是出于什么原因而沉默少语，都应该从现在起改变自己，要学会表达自我。

1. 自我表达是一种关于自身信息的交流和传递

这个定义虽然简单，寓意却很深刻。首先，“传递”意味着别人在接收你的自我表露。自省和记日记都不算自我表露，因为它们不对外传递任何信息。“传递”也意味着需要通过肢体语言、态度和声调等非言语的形式来表现出来。

当然，对于性格上有点沉默的人来说，偶尔的表露自我会让他们有一种不安全感，担心自己不能被别人接受，其实在训练敢于表露自我之初，你完全不必顾虑重重，自己内心有什么想法和感受，可以慢慢说出来，或者先少说一些，你不说出来怎么就能肯定没有人会接受你的观点呢？

其实，自我表达的好处是很多的，它会使交谈双方的关系更为融洽，迅速建立起一种亲密感；也会让彼此的沟通更加清楚和有效。如果没有自我表达，就会使得自己孤立在自己的体会和感受之中。

下面举一个工作之外的例子来说明一下：

你作为中层领导，老板、下属你都得罪不起。今天你明明有很重要的工作需要加班。你的下属A却毕恭毕敬地来请你参加他儿子的满月礼，而这种保持沉默、不善表达自我的领导大多都会把自己的事情往后放放，而

下属的面子是不能不给的。

而明天是下属B，后天是下属C，大后天有可能是老板心情不错，约你一起去打球。试问一下，你那需要加班完成的工作是不是都要推到后半夜了？这样就算你愿意，可你的精力、你的身体能承受得起吗？

很简单的事，这时就要你学会表达自己了，实话实说，没什么不好，要说出实话——对不起，我今天有特别重要的任务需要加班完成，我估计不能参加你孩子的满月礼，不过我忙完这些事情一定会亲自登门道喜。这样，你忙完工作再提着礼物登门道喜的话，我想，没有哪个不懂事的员工会觉得你没参加他儿子的满月礼是不把他放在眼里。而老板那里，直接拒绝显然不合适。但表达自我的方式有很多，我们可以选择委婉的方式表达。例如，利用“第三方”制造话题，当作“挡箭牌”。这个“第三方”最好选择公司的客户，如果老板也认识就更好了。这样说明你是在为公司的利益加班。试想一下，倘若这个老板还算英明，他会因为下属为公司卖命不能陪他打球而记恨于心吗？

这就是表达自我，是很简单的事情，根本没有你想象中的那么复杂。当然，这也只是初级阶段的自我表达，就是用诚恳的语言，根据实际情况，把自己真实的想法表达出来。不要担心没有人会接受，或者被别人拒绝，只要你是真诚的，你会感染周围的人，他们不仅会给你以理解，还会尊重你。

2. 一个人越能表达自我，就能越多地了解自我

我还想强调的一点是，一个人越能表达自我，就能越多地了解自我，这看似自相矛盾，但的确是一个事实。你的思想、感受和需求只有用言语表达出来的时候，才不会是模糊和混乱的。要想让别人能够完全理解你，需要一个你能够对自己进行澄清、界定、扩充和得出结论的过程。比如，你想要什么东西，可以描述其形状、颜色以及其他细节。你内心的想法被

语言描述出来之后，它便不再是你内心的想法了，它会像一个现实的东西呈现在你面前，使得你对它有了进一步的了解，因而勇于自我表达有利于对自己多一个层面的了解。

那么，既然自我表达有这么多好处，为什么有很多人还要选择沉默呢？一种解释是他内向羞怯，担心自己的想法表露出来后会被人拒绝、耻笑或者遭受指责议论，还有一种就是城府过深。

如果是城府过深，那自然是没有表达的可能，所以我们在这里只针对第一种情况做一下分析讨论。为什么要羞怯？性格使然。为什么要沉默？怕说错话，怕被人误解，怕不能准确地表达内心。

其实自我表达只是人与人之间很正常的联络和沟通，并没有什么好难为情的，即便是别人求你办事情，你不能帮忙，也请你大胆地把原因说出来，至于对方理不理解，那是他的事情。

通常情况下，一个人自我表达的内容越多，态度越真诚，他的交流能力就越强。而如果把任何事情都埋在心里让它们发霉，那么自然是不必过多开口了，而这样长此以往，交流能力只会越来越差，交流效果就往往不能如愿了。所以说，先学会开口，学会表达自己，领导者才能更好地运用语言的艺术之美，达到良好的沟通效果。

准确表达比废话连篇更有用

假设一天你下班回家，累得人仰马翻，妻子兴致勃勃地叫你陪她一起去和另外一个朋友喝茶谈天。

妻子可能会这样问你：“亲爱的，××在茶吧等我们半天了，你要陪我一起去吗？”

原本，你非常累，而且和这个朋友没有什么共同语言，甚至有些烦

她，但你又不好意思驳妻子的面子，于是含糊其辞地说，今天开了两个会，见了三拨客户，真累。

如果你有幸遇到一位善解人意的妻子，她可能会理解你、体恤你，留你在家里休息，自己去和朋友见面；但如果你遇到的是一个心事多的妻子，她可能会这样问你："你不想陪我一起去见我的朋友吗？"

你只好连连避嫌："哪里的话，你的朋友就是我的朋友，再说我怎么会不喜欢陪你一起外出呢？"

"那行，你既然愿意了，那就出发吧，她已经等很久了"。

得了，你也别休息了，去跟那没有共同语言的朋友喝茶谈天吧，整个晚上我敢保证你定是非常地不自在，但还要应付场面，人累心累，又何必呢？

如果你能在妻子向你发问的第一时间就明确地告诉她，你很累，不想去，而且你和这个朋友似乎也没有什么要说的，如果她愿意，你倒是希望留在家里休息，让她一个人去赴约。我想，作为一个终日劳碌奔波的丈夫能用很诚恳的语言向妻子解释清楚缘由的话，很少有哪个妻子会继续胡搅蛮缠的。

言归正传，作为一个领导者，这也是必学的技巧之一，那就是学会准确地表达自己。再举一个例子：你作为领导，信奉恩威并施的领导哲学，因此你很少给下属难堪。某天，你正在办公室处理一堆紧急的文案，突然有个员工进来向你诉苦，事情可能极为琐碎，而他的语言组织能力又不强，那么很有可能出现的情况是——他将耽误你很多时间却甚至连一件事情的开头都没讲清楚。

这时候你该怎么办呢？让员工出去，说你现在没时间听？这样会不会很伤员工的面子？那么，听他讲完？你又没有那么多时间。

综合一下现实状况，你完全可以这样告诉下属——我现在有些忙，手头上有很多工作要处理，无论你遇到什么事情，我希望你能想开些。如果你愿意，等我忙完手头的工作，我们再交谈这件事情好吗?

这样一来，既安慰了员工，又为你赢得了宝贵的时间。而且作为员工也会理解你的忙碌，定然不会埋怨和指责你的，因为你并没有完全拒绝他的倾诉，而是希望他留给你一点时间罢了。

作为一个领导者，你有随时随地开口讲话的可能，不要觉得这是坏事，相反这也是你领导能力的一个展示。如果你细心观察，很多精明干练、极有作为的领导者，他们都有很深的语言功底，有时一些拖泥带水、犹豫不决的领导，他们在语言方面同样会存在缺陷。不过，这也并不可怕，只要善于钻研，一切都会精巧于心。

无论是一个领导者还是一个普通人，他所说的每一句话都是一条信息，而领导者的发言和讲话，更应该成为清晰的信息。那么，作为一条清晰的信息，它应该能准确地反映出你的想法、感受、需要和观察，而且这条信息在表达的时候不应当有遗漏，也不能模糊不清。

那么，如何使你所发布的每一条信息都清晰呢?

这就取决于你是否有这方面的意识，因此你需要知道你观察到了什么，应该怎样做出反应。从外界看到、听到的事情很容易与你内心的所感与所想发生混淆，只有分清这些，才能帮助你清晰地表达自己。以下提供几点建议：

1. 少用提问的方式阐述自己的观点

你要尽可能少用提问的方式来阐述自己的观点。比如，某天员工突然问你，我们不能一直用这些旧电脑办公吧?假如你问他：你没算算我们现在的办公经费除了正常开销还能剩多少?如果这样，结果肯定是尴尬的冷场。作为员工，他的问话其实是有试探性的，不在于非要换电脑，只是想知道你的态度，而你这样提问式的回答也只是想提醒员工办公经费有限，这样伤及感情，又何必呢?

2. 表达要实实在在

在语言的表达上你至少还要做到一条，那就是实实在在，尤其是在你还没有完全玩转语言艺术的基础上，你更要实事求是，口说眼见。不要为发言而去盲目地美化你的措辞，因为这样很容易给人留下哗众取宠的印象。

因此，作为一个领导者，要想一呼百应，首先得学会说话的基本技巧，而准确地表达自己便是语言艺术中必不可少的一块基石。

熟能生巧是与人沟通的重要基石

说话代表一个人的沟通能力，而沟通能力通常是人际关系的基石。一个人会张口说话，只能说明你不是哑巴，并不代表你就一定会说话。

什么叫会说话呢？不是滔滔不绝，也不是口若悬河，更不是教你什么时候都“实话实说”，或者逞一时的口舌之快。

会说话，是指你在合适的时间、合适的位置，为确切的目的而说的合适的话。

话说得好，小则可以讨人欢喜，大则可以保身兴邦。远有苏秦、张仪游说诸侯，战国格局为之改变；诸葛亮说服孙权，三国鼎立之势乃成。近有周恩来出色外交，四两拨千斤；罗斯福之“炉边谈话”，温暖千万心灵。

话说得不好，小则树敌、伤友，大则丧命、失江山。孔子之教有四科：德行、言语、政事、文学。言语仅次于德行，可见它的重要性。由于一言之闪失，导致兵戎相见、血流成河的浩劫，在中外历史上屡见不鲜，《论语》中说：“一言可以兴邦，一言可以丧邦。”因一言不慎而招致杀身之祸的也不乏其人，因一句“此跋扈将军也”而被梁冀毒死的汉质帝，以及恃才傲物的杨修，都属此列。

而作为领导，说话的艺术尤为重要，说得好了，会让老板赏识你，让下属拥戴你。当然，你也可能会因为一言之失而前功尽弃。

说话也是一门科学，即使是自认为不会说话的人，也能通过学习心理学知识、运用有效技巧来增加说话的技巧，因此说，只要你肯下工夫，即便你认为自己再怎么笨拙，也会成为一名出色的语言艺术家。

学会说话，会让我们很容易准确地表达自己的想法，也往往会取得意想不到的效果，而表达失误则常常导致祸从口出。

那么，我们要怎么学会说话呢？

打一个很简单的比方，比如你和妻子都是白领人士，你们一样有朝九晚五的工作，都比较累，而妻子还要在下班后比你操持更多的家务，有时候，她会表现得很不情愿。那么，如何让她心甘情愿地去做一些你也不愿意做的事情呢？比如拖地、洗碗、抹桌子这样的家务。很简单，一些甜言蜜语、小笑话，或者情真意切的体恤，这样一来，妻子会很乐意地去做家务，而且还会有一个好心情。

相反，如果你情绪糟糕，对妻子冷言冷语，甚至恶语相向，那么后果可想而知——卫生也不用打扫了，大家一起脏着吧；饭也不用做了，一起饿着吧。为什么会这样呢？因为妻子和你一样打拼职场，付出的劳累不一定就比你少，凭什么还要再分担更多的家务呢？

由这些生活小事便不难看出，说话的言语表情以及方式方法的不同，会产生截然不同的结果。

再比如说，作为一个中层领导，现在你要召开一个部门会议，会上你要谈两件事，一件是要奖励下属，另一件是对他们提出一个更高的工作要求。你准备先说哪一个呢？如果你先谈更高的要求，再给他们奖励，那么这个会议效果最多就是一般，奖励会被大家看成“擦屁股纸”的安慰工作，奖励的效果也不会太好；如果换个程序，先奖励大家，让大家开开心

心、激动万分，然后再提一个更高的工作要求，这时候你会发现要求会变成新动力，大家很可能会吵着闹着要去达到。这才是你想要的效果。

这就是语言的技巧及其魅力所在，那么具体应该怎么有效地说话呢？

1. 以理服人，不能强加于人

面对要说服的对象，你必须用事实、用道理、用数据去说服他，不能直白地要求他——我让你这么做，你就得这么做。每个人都有逆反心理，你越是这样，便越适得其反。

2. 步步为营，分阶段实施

将要说服他人的问题，分解为几个不同的部分，根据不同的时间和对象，化整为零，分为不同的阶段实施说服。

3. 对待听众，不可盛气凌人

即使你是老板，你也不能盛气凌人地对待听众。

4. 有老练的外交手腕及策略

老练是指在适当的时间和地点说适当的话，又不得罪任何人的一种能力。这说起来容易做起来却很不容易，需要多加练习。

5. 为你的听众提出最好的建议

如果你能做到这一点，那谁都没有办法从你的脚下抢走一块地盘，你也就永远立于不败之地。

总之，要谨言慎语，毕竟言多必失。但该开口时就开口，沉默不一定就是金子，很多时候它只能成为领导者无能的一张标签。

在正确的时间说正确的话

见过不少能者，对下属评点不断，对上司建议连连。对此，我并非要武断地说明，这样完全不好。如果你遇到明理的下属，遇到英明的老板，他们会觉得你这样做是负责的，是好的。可是如果遇到心思重点儿的老板和下属，你这样做只能适得其反，无论是你有意要显摆自己的才华长处，还是你发自真心的评点建议，最终都会导致不良的后果。

古人有训，“言多必失”，“祸从口出”，其中是有些许道理可循的。《墨子·闲话》中记载了如下一则故事：

子禽有一次问他的老师墨子：“多言有好处吗?”墨子回答说：“青蛙日夜都在叫，弄得口干舌燥，却不为人们所爱听。而晨鸡黎明按时啼，天下全都被它叫醒了。”

意思就是说青蛙日夜都在叫，弄得口干舌燥，人们却很厌恶。因此多言有什么好处呢？而鸡按时在黎明时啼叫，把大家都叫醒了。因此，口不是不能开，而要挑准时机再开口。

不少人将“三缄其口”作为处世的座右铭。比如那些成功的领导人或商人，说话就很会注意方式、把握分寸，不管在什么场合都是落落大方，说话的时候说得很充分，不该说的时候一句话也不说；有的人口齿伶俐，在交际场合口若悬河、滔滔不绝。这固然是不少人所向往的。但如果在人多的地方，口无遮拦，说错了话，说漏了嘴，也是很难补救的。所以，在人多的场合要多倾听，少讲话。

1. 不该开口时不要乱说话

婉秋在一家美容机构工作，人长得漂亮，能力也不错，找她做保养的人很多，多是些有钱人家的太太、小姐之类的。常言道，豪门恩怨深，有钱人家的事儿多，这些人出来保养时，修养好的明白家丑不可外扬，有什么不痛快也不说出来，只是和婉秋简单地问候几句；而另一人或许天生习惯犯傻，遇到家里不满的事情，都到婉秋这里来说，东家长，西家短，谁和谁有奸情，谁被谁捉了奸，这样的事情婉秋几乎天天都能听到。

而同一所城市里，有钱人也不过那么些人，婉秋干的时间长了，也对他们有了基本的了解。虽说言传是非里的有些人，婉秋并没有见过，但她很清楚这个关系网上的每一个人物。

婉秋天性腼腆，很少说是非，别人说到她这儿的话，她一股脑儿地全吞到肚子里去了，这样大家对婉秋都有了好印象，觉得她是个可信任的孩子，也因为这种好感而为她拉来了很多顾客。

直到老板看到婉秋业绩不错，想要升她做领导的时候，婉秋却给自己搬了块绊脚石。某天，一个电器公司老总的妻子来婉秋这里做护理，那是一个看上去很有修养、性格也很不错的女人。婉秋前阵子听人说那个电器老总在外面有情人，而且准备和妻子离婚，可怜他妻子不知道，还在一心帮助丈夫办企业，帮他向自己的家人筹款。

婉秋出于好心，在护理的过程中婉转地向这个妻子透露了一些讯息。谁想这个妻子很信任自己的丈夫，立马起身，护理也不做了，直接去找了婉秋的老板，埋怨婉秋年纪轻轻不应该这么多嘴多舌，听信谣言……

当然，婉秋的升职计划就此泡汤，不久后，老板甚至因为一场误会，也将婉秋开除掉了。

通过这个事例不难看出，出来混，不该开的口，还是不开口为好。

2. 该开口时要大方说出来

我的一个朋友是一家电力企业的办公室主任，有一次上级机关下来检查，局长吩咐他布置一下公司，做做接待准备工作，也好给上级领导留下一个好的印象。

忙了一周，他起早贪黑，可以说任劳任怨，绞尽脑汁，甚至找熟人免费拉来很多鲜花，把公司原本死气沉沉的院落和楼道布置得很漂亮，他还找人借来名人字画挂在办公室和走廊里，以烘托企业的文化氛围。

后来一切准备妥当，上级二十来人也下来检查了，看到公司里里外外焕然一新，环境非常之好，领导们很是满意，问他："谁带着你们这么干的，以前我来的时候可不是这样呀。"

他本是好心，没想争功夺利，只是木讷地回了一句："这些都是我们应该做的。"

这时站在旁边的局长不高兴了，狠狠地瞪了他一眼，从那以后对他再没好脸色看，不久之后，因为单位精减人员，我朋友被待岗很久，之后托人情，才得以回去当了一名仓库管理员。

而更过分的是，他到好久以后才悟出来自己为什么被待岗，又被发配到别处，仅仅只是因为上级领导来检查那天，他应该多说几句话的，可是他却说少了，而那段时间，正是上级对他们的局长进行提拔调查的日子。因此，如果他当时告诉领导们，这些都是局长要求的，也是他一手指挥规划的，是他尽心尽力、任劳任怨的结果，那么，今天他就不会在仓库里干那些苦累的活了。

通过这个事例，我们应该明白，该开的口，坚决要开。关键是要在正确的时间说正确的话，才能事半功倍。

当好“说客”

怎么样做才能当好一个说客呢?

首先你得无穷尽地列举一些利害关系，让对方相信你是站在他的立场上为他着想的，而且你的想法会为对方带来很多好处，这样对方才会信任你，而你的说服工作也才能取得成功。

现实生活中，领导者时常也扮演着这样一个角色——说客。

很多时候，作为一个领导，对上你要说服老板接受你的意见和建议，这样你才会拥有更多施展才华的可能。而对下，你要说服员工一心一意地跟你打拼，要说服他们接受你的工作计划和安排，以及一些相关的统筹调配工作。而对于你的同行和对手，你要说服他们接受一些相关的合同约定，达到互补双赢的结果等，这都离不了口才之功。

那么，如何才能很好地去说服别人呢?

1. 务必顺着对方的言语和思路去说服对方

你的很多分析和见解必须是真的站在对方立场上去考虑的，这样即便你没有很好的肢体语言来配合，对方也会认为你是诚恳的、积极的，是替他着想的。

《韩非子·说难》中说:“凡说之难，非吾知之有以说之难也，又非吾辩之难能明吾意之难也，又非吾敢横失而能尽之难也。凡说之难:在知所说之心，可以吾说当之。”

这句话的意思是说，但凡说服别人的难点，不在于我们自身不具备丰富的知识及优良的修养，也不在于争得面红耳赤地来让对方明白我们的意思，同样不在于我们没有胆略，而重要的是我们必须知道，我们所说的是否顺应了对方的思路和心理。也就是说，你想要说服对方，那么你必须要了解对方的思想、情感、愿望，以及对某件事情的具体期望。

举个简单的例子。你带孩子上街，孩子看中一只小狗，想要买回家，这是孩子的心理，因为他觉得它可爱，想将它据为己有。这时候你该怎么劝孩子呢？你告诉他不许要，因为小狗脏脏的，满身是细菌。这是你的态度，你觉得它脏，不想要。那么，这时候你如果直截了当地把自己的思想强加于孩子，孩子肯定是不开心的，即便他最终放弃购买小狗，但也会大半天噘着小嘴。

这时候，聪明的做法是表露出和孩子一样欣喜的表情——这只小狗狗真的很可爱，我们要能把它买回家就好了，可是大人要上班，你要上学，谁去照顾小狗狗呢？留它一个人在家，它会很伤心的，它可能会生病也会死掉的，那多不好呀！

孩子的天性都是纯洁善良的，当你站在他的角度去接受这只小狗，又提出一些会给小狗带来不好的现实的问题时，大多数的孩子会理智地接受。

要试图说服别人，设身处地是一个方面，但你还要学会一点就是要因人而异，也就是说，你要了解你想要说服的那个人的一些情况。比如，如果对方是个聪明人，你就表现得知识渊博、无所不知；而如果对方是个相对笨拙的人，那么你的说服就要简单明了、清楚易懂。

总之，在说服的过程里，你要顺应对方思路的变化，才能控制主动权，这就要求你做到因人而异，对不同的人用不同的方式去说服，使他最终赞同你的提议和想法。比如，有些开发商要去说服搬迁的住户，对于那种死缠烂打的“钉子户”你就要用耐心、用时间去说服他，而对于那些犹豫不决的住户，你只需要了解他们内心的顾虑，然后尽可能地满足他们的期望就可以了。

2. 要学会通过“诱惑”使其不攻自破

有一个推销员在市区推销香烟，这时一个老人从他身边经过，不由得暗叹一句：香烟好呀！销售员一听，非常高兴，问老人，您说说抽烟有什么好？老人笑笑，说抽烟可以不怕狗，抽烟可以防小偷，抽烟还可以使人永葆青春。销售员这下更高兴了，便求老人留下替自己做做宣传，这时老人和销售员的身边已经围了一大群人。老人清清嗓子说，抽烟的人身体虚，过早地弯腰驼背，狗一见他就会觉得他是在捡石头打自己，所以抽烟不怕狗；而抽烟为什么可以防小偷呢？因为抽烟的人肺不好，晚上总是咳嗽个不停，小偷会以为他还没有入睡而不敢进行偷窃；抽烟的人大多会过早去世，那自然是永葆青春了。听到这儿，销售员才知道自己中了圈套，灰溜溜地从人群中逃走了。

而老人通过自己语言的智慧引诱销售员进入了自己的圈套，于无形之中将他的内心防线攻破。这就是诱导式地劝服别人。什么是诱导式地劝服人呢？就是不直接答复，而是先讲明条件，说明理由，使对方主动放弃自我否定的拒绝方式，此乃不战而屈人之兵也。

有一个老教授，他退休之后去一个旅游景点做义工。有一天，老教授捡到一只皮夹，并且很快在公告栏里贴了失物招领的启事。启事贴出去不久，便有一个年轻人找上门来，他告诉老教授，那只皮夹是他的，现在他要把它拿回去，并连声地谢谢老教授。老教授问他皮夹里都装了些什么，年轻人说能装什么呢？无非一些证件、卡和现金之类的。教授查看了皮夹，里面确实装了这些东西，但他又不能仅凭这一句话就把皮夹交给年轻人，于是老教授灵机一动，问道，你皮夹上有没有一只豹子的图案？年轻人说有。老教授问他，那个图案是在皮夹的里层还是外层上呢？年轻人说是里层。老教授这时打开皮夹给他看，里层并没有什么图案，年轻人慌忙改口，说我太着急了，是在外层。老教授这时又拿来皮夹给他看，外层居然也没有那样的一个图案。后来年轻人慌张地溜走了，最终老教授用这种聪明的办法为皮夹找到了真正的主人。

可见，在说服的过程中，我们不仅要学会诱导式的劝服，还要学会欲擒故纵的技巧，再加上前面分析的两点——顺于人心，因人而异。领导者只有学会这些说服技巧，才能在职业生涯中立于不败之地。

咬文嚼字功夫须深

在学会听和学会说之后，领导者还要学会一个技巧，那就是咬文嚼字。

我有一个朋友叫张鑫，性格直爽，刚刚被提升为部门经理。但是最近她遇到了一个大麻烦，那就是公司的副总裁王总最近似乎一直跟她过不去，动不动就挑她毛病，挑到了就在开会时反复向老总暗示她工作哪里做得不好。新官上任哪能经得起这样的敲打，张鑫索性一生气请病假，在家里睡了半个月。

我知道这件事情后打电话跟她做了进一步的沟通，之后我才明白了这件事情的缘由。

1. 不只是少了称呼那么简单

张鑫颇有才艺，在她大学没毕业前就是校里的文艺骨干。不久前的一次年会上，张鑫作为新任经理代表在年会上发了言。发言稿的具体内容就不说了，单说开头。她是这样写的：尊敬的老总和各位前辈，大家好！

事情就从这儿开始了，公司副总打这儿起就盯上这个新上任的领导了——一个新人，发言稿上竟然把我忽略不计了，她至少应该这样写：尊敬的老总、××副总以及在座的各位前辈，大家好！

虽然有些企业在各种会议中，只提最大的领导。但企业不同，称呼的习惯、方式或多或少都有差别。最好的方法是，在平时多注意身边的老员工在发言时是怎样称呼的，或者在会前请教下，这样就可以避免遭人诟病。

少了一个称呼就惹了这一堆事情！可见口难开，尤其是对一个新上任的领导而言，面面俱到可能做不到，但如何正确开口是一定要学的。

2. 措辞很重要

我再讲一个我在某本书里看到的一个小故事，故事的主人公叫张侃，也是大学毕业的新生，应聘了某公司的办公室文秘职务。

一次，张侃主持一个动员大会，在会议的最后，他按照事先确定的程序，隆重地邀请出席会议的大领导作总结。但要命的是，他没有按照职场的游戏规则，极其诚恳地说“请××领导作重要讲话或重要指示”，而是说成了“××领导发言”。当时，在场的人也并没感觉有什么异样。领导该讲话讲话，群众该鼓掌鼓掌，配合得都很到位。但会后，张侃明显感到那位在会上发言的领导好像发了神经，动不动就找碴儿冲他发无名火，因为一点小事也把他骂得狗血喷头。

张侃开始不解，想破了脑袋也想不出自己到底错在了哪里。后来因为和领导的秘书关系不错，还是大领导的秘书偷偷点拨了他，问题不是出在他平时的工作上，而是那次会上。秘书说，领导讲话怎么能叫发言呢？一般群众讲话才叫发言呢，领导必须是讲话。你让领导和群众一样做发言，说明你心里没领导，这可是原则性错误啊！你不懂得维护领导的尊严，领导当然也不会给你面子了。

张侃算是明白了，但他还是没法接受，心想多大点儿的事，至于吗？虽然事不是个大事，但对有些人来说真的是件大事，因为他们几乎把所有注意力都放在别人是不是看重他这个方面了，你稍有不慎就会被列入敌对分子的黑名单。因为在那位大领导看来，发言和讲话区别很大，这可是领导身份和地位的象征啊！如果是老百姓，那么什么时候张口都只是“说话”。但领导就不一样了，他说话不叫说话，区别不同的情况，可分别叫作“发言”“汇报”“介绍”“交流”“讲话”“指示”……总之，什么时候称作什么，是绝对不能搞错的。搞错了这些潜台词，就等于搞错了领导的身份！

可见，我们要学会听，然后学会说，学会说之后要学会咬文嚼字，要把一些常识性的官场规则烂熟于心。

3. 不能直呼姓名

我有一个同学，前段时间孩子满月，同学本是非常热情地想请区域领导者参加孩子的满月宴，宴会一周前他就打电话过去，因为同学是在另一个部门，和区城领导者没有过多业务上的往来，充其量也只是认识，但却是自己的顶头上司。电话号码他有，但基本没通过话，有事会上作汇报，而且平时也确实没什么可汇报的。

这天打电话时，同学是战战兢兢，电话拨通了，那边也接了，但信号不太好，传输过来的声音有些异样，同学担心电话打错了，先是毕恭毕敬地问了句：“你是张××吗？”只听对方用鼻子哼了一声，同学这才恭恭敬敬地叫了一声张总，并且诚恳地提出希望张总能来参加自己小儿的满月宴，对方同样是用鼻子哼出来的一声：“我比较忙，到时候看吧。”连一句

祝福的话都没有。

后来孩子满月，那个张总果然没来出席，同学倒是也没过多的顾虑，心想领导面子大，难请，这谁都知道，再说人家是大领导，指不定有什么重要的事情在身呢。

同学老家那地方有个讲究，孩子满月宴，没能来参加的亲朋是要送人家红鸡蛋的。同学的老婆也出于好心，用心煮了十多枚红鸡蛋用特意买来的保鲜盒装好，让同学带去公司送给那位张总。

谁知同学刚进门，张总就连连挥手，仿佛他提的不是一篮鸡蛋，而是一篮狗屎似的。

当天下午，该老总就召开临时会议，打着“严抓纪律，严查作风”的旗号对同学是一通明枪暗炮。同学这会儿是真不明白了，孩子满月宴，我请你你不来，我送红鸡蛋给你只图个吉利，打死也算不上贿赂，他为什么要这样大动肝火呢？同学不解是不解，但终究是没有问出来，倒是该领导在会议快结束的时候揭了谜底，他说：“我知道公司很多人不服气我坐在这个高管的位子上，你们嘴上不说，其实我心里明白，所以说你们也不用装得那么辛苦，像有些人，不服就是不服，对我直呼其名。其实名字取来就是给人叫的，以后你们都直接叫我张××吧……”

不管是误会还是疏忽，总之一句话有可能会惹来一堆祸事，所以说，咬文嚼字是语言艺术中务必要刻苦钻研的一门学问。

左右逢源的奥秘——灵活变通

灵活变通是一种重要的能力，能随机应变的孩子会讨人喜欢，而能灵活变通的领导者更会魅力无限。所以，作为一个领导者，如若能掌握语言艺术上的灵活变通，那等于无形中又多了一种身份砝码，更多了一种隐形的武器，一来可用于自卫，二来可用于攻敌。

这一点上，我们伟大的周总理倒是留下了很多佳话。

据说有一次，周总理和一位美国记者谈话时，记者看到总理办公室里有一支派克钢笔，便带着几分讽刺，得意地发问："总理阁下，你也迷信我国的钢笔吗?"

很显然，对方是在炫耀。

这时候，周总理听了后，风趣地说道："这是一位朝鲜朋友送给我的。这位朋友对我说，这是美军在板门店投降签字仪式上用过的，你留下做个纪念吧！我觉得这支钢笔的来历很有意义，就留下了贵国的这支钢笔。"

周总理这一军将得好，美国记者的脸一直红到了耳根。

这是什么？这就是语言艺术里的灵活变通，原本美国记者就是来者不善的，而周总理巧妙机智的回答却让这位记者用自己搬起的石头砸了自己的脚。可见，灵活变通是领导者甚至包括普通人必不可少的语言技巧。

职场江湖，我们不难见到些素质低下的人，有些人用权伤人，有些人用钱伤人，有些人则用嘴，也就是用言语。俗话说，"好言一句三冬暖，恶语伤人六月寒。"作为一个领导者，你可以控制好自己的言语，不去伤害别人，但你怎么能提防别人不来伤害你呢？那就要学会言语方面的灵活变通，用灵活的言语盾牌去迎接对方的长矛。

而语言艺术里的灵活变通也正是如此，如同无形中的刀锋相见，如《亮剑》中李云龙常说的那句一样——狭路相逢勇者胜。在这儿，这句话就要稍作改动了，应该改为——狭路相逢变者胜。

当今社会是一个充满竞争和合作的信息化社会，说话不仅是人们日常生活之必需，也是直接影响个人事业成败的重要因素。在现实生活中，人

们要交流，都必须准确地运用语言。口才在某种程度上反映着一个人的能力。

那么，我们如何才能在语言技巧上做到灵活变通呢?

1. 好马出在腿，能人出在嘴

现实生活中要想做一个驾驭语言技巧的高手却是很不容易的。而作为一个领导者，要想在语言艺术方面有所突破，那么首先一点便是要求你须善于观察、勤于发现。不了解就没有发言权，你了解得越多，你的信息来源越广，你对一个事物认知的程度越深，你便越有发言权，而且会很大程度地避免出错。

2. 要有足够多的智慧和才华

这样才能做到在语言上的迂回有度，风趣幽默。对于语言的灵活运用在现实生活中是非常重要的，它小则能救你逃出一场纷争，大则能救你性命。

在中国历史上，能言善辩之士甚多，比如：晏子使楚，名扬千秋；苏秦善辩，穿梭六国；鲁迅、闻一多、周恩来、陈毅更是现代能言善辩的口才泰斗。语言的力量能证明世界上最复杂的东西——人的心灵。杰出人士都是能征服人的心灵的。他们往往都有好口才，具备驾驭语言的高超能力。口才不会与生俱来，也不会从天而降，就像庄稼需要施肥、道路需要整修，口才也需要培养。

第九章 角色5 工程师——招贤纳士、资源优化的艺术

招贤纳士工程——揽天下人才

作为一个领导，你展现给上司的才华和业绩，不是由你一个人来体现的，更多的则要依靠你的下属来帮你执行和体现，你不可能一个人把什么事情都干了，即便你有这样的能力，也没有这样的精力。

大家都知道经卷是唐僧从西天取回来的，但如果没有孙悟空、猪八戒、沙僧和白龙马的协助，仅靠唐僧一人，估计这事没办法实现。

所以说，下属较老板来说，对你更为重要。很多人不是被来自上面的压力给压垮的，而是因为脚底下没站稳。因此，精干的下属才是你拔地而起的基石。

说到这儿，你也许要发些牢骚，什么基石？简直一群废物，成事不足，败事有余。如果你是这样的态度，那么你注定要在牢骚中牺牲一切。

毕竟人各有异，人的品质、素养是有差异的，人的智商和才华也是有差异的，你不能要求别人都是一顶一的高人能手，如果这样，企业还要你做何用?

当然，这样说也不是要你歪瓜裂枣全盘接受，毕竟得力的干将更胜过无用的蠢材，但是招贤纳才又不像别人想象的那样简单，一时半会儿是不好解决的，倒不如先筑起个黄金台，就如古代燕昭王那般。

相传，当初燕昭王一心想要招揽人才，为此筑起了黄金台，但更多的人认为燕昭王仅仅是叶公好龙，不是真的求贤若渴，因此，燕昭王始终寻觅不到能治国安邦的英才，整天闷闷不乐的。后来有个智者郭隗给燕昭王讲述了一个故事，大意是：曾经有一国君愿意出千两黄金去购买千里马，然而时间过去了三年，始终没有买到，后来好不容易发现了一匹千里马。当国君派人带着大量黄金去购买千里马的时候，马已经死了。可被派出去买马的人却用五百两黄金买来一匹死了的千里马。国君生气地说："我要的是活马，你怎么花这么多钱弄一匹死马给我？"这人回答说："你舍得花五百两黄金买死马，更何况活马呢？我相信，不久即会有人送来千里马。"果然，没过几天，就有人送来了三匹千里马。郭隗又说："大王您要招揽人才，就要学习这位国君，首先从招纳我郭隗开始吧。像我郭隗这种才疏学浅的人都能被国君重用，那些比我本事更大的人，必然会闻风千里迢迢赶来的。"

燕昭王采纳了郭隗的建议，不但拜郭隗为师，还为他建造了宫殿，后来没多久就引发了人才涌向燕国的局面。投奔而来的有军事家乐毅、阴阳家邹衍等人。落后的国家一下子便人才济济了。从此以后一个内忧外患、满目疮痍的弱国，逐渐成为一个富裕兴旺的强国。

1. 管理之道，唯在用人

人才是事业的根本，杰出的领导者应善于识别和运用人才。只有做到唯贤是举、唯才是用，才能在激烈的社会竞争中战无不胜。

作为领导，你在人才的选择上可能会受一些限制，尤其是在国企和事业单位，但是相对来说你还是有一些选择余地的。如果你的下属都不能被你重用，不能被你赏识，谁还会站出来为你卖命呢？所以说，很多时候，多一层思虑，多一些方式，会好过于一直处于困境之中。

2. 你是我的，就是最好的

记得一本书上有这么一句话——你是我的，就是最好的。

像人不会嫌弃自己的父母、兄弟姐妹、妻儿一样，虽然他们也有缺点和不足，但是因为有内心的那份认可和接纳，所有的缺点就都不是缺点了，甚至成了不可或缺的长处。

而作为部门领导，你首先要认可你的下属，接受他们，万万不能一竿子打倒一群人，这样的话，最终被打倒的只有你自己。在这一点上，我的一个校友就做得很优秀。

我们同校，他学的是法律专业，毕业后被分配到一家事业单位，也是从基层干起，三年后升到副科长的位子。当时科室里有一个职员，之前应该是靠关系过来打杂，然后转正的，没有什么专业知识，也只能打扫下卫生，打打字，做一些简单的文书工作。

我校友上任科长的时候，正值机构精减人员，当时他们部门六个人，必须走一个，凭关系进来的这个职员明知自己这次非走不可，但不想走得太难堪，于是直接去找了我校友，提出想要辞职的想法。这时候校友已经了解过他的情况了，考虑了一下，让他先回去等消息。

半个月后，校友在对部门同事做了相对了解之后，最终做了决定，但让那个靠关系进来的职员不解的是，这次被校友精减掉的，竟然是部门里的一个高手。当然，也不能说是被精减掉了，而是被校友通过关系推荐到一个更好的部门去任职，而凭关系进来只会打字的职员却安稳地留了下来。

这个职员很是不解，向我的校友讨教，为什么会是这样一个结果。校友告诉她，因为我这儿更需要你，所以你安心工作吧。

作为校友来说，这肯定是说了谎话，因为对于一个领导来说，得力的手下肯定更会被需要，但他之所以这样做，一是排除了一个对手，二是安抚了大众人心，也算是表了个态——只要你们安安稳稳、按部就班地工作，我就不会随便把你们清除出局。这样，下属就算再怎么给他卖命，心里也是踏实的。

另外，校友高姿态地把强手让给其他部门，也给上级领导留下了好印象，觉得校友是个识大局者，甚至放话出来——×××走了，你这儿肯定忙不过來，要用人要用谁，你说一声直接调过来帮忙就是了。

这样不是一举两得吗？后来我的校友在给那个因关系进来的员工做了妥当安排后，为自己挑了一班精英，组建了更好的团队。

品质管理工程——品质是领导的命门

品质决定口碑，也是企业的命门。

现实生活中我们不难见到，很多企业但凡要推出新的产品或者项目，都一定会事先做好很多筹备工作，对产品的品质做到尽可能好的状态后才会大规模推出，因为对于大众消费者来说，一个产品的品质就决定了它在人群里的口碑，也决定了一切。

当然，这只是做了一个片面化的比喻。人、事同理，作为一个领导者，你的品质好坏也同样决定了你的口碑和一切。我们的很多企业领导者一直在提倡人性化的管理，人性化的管理究竟是怎么样的一种管理方式呢？其实简而言之，就是以品质来实施管理，这种管理方式应成为每个领导者追求的境界。

那么，追问一句，什么样的管理才称得上是以品质来实施管理呢？那便需要你使出浑身解数，让员工信任你、尊敬你、佩服你，从而心甘情愿地受命于你。

你不要单纯地以为你坐上了领导岗位，员工自然会信任、尊敬、佩服你，会心甘情愿地受命于你。孙悟空之所以能成为万猴敬仰的美猴王，是因为他敢闹天宫、敢钻水帘洞，所以说，你没有点儿看家本领，就想别人刮目相看，是非常不现实的。

生活里，我们见过各种各样的“粉丝”，他们为心爱的偶像做义务的宣传，分文不取，刮风下雨、烈日炎炎也在所不辞，为什么？因为他们喜欢，他们愿意，他们的偶像具有这种让他们心甘情愿地去付出的魅力。而你也同样，如何才能让员工心甘情愿地为你出力卖命呢？首先，要从修炼自我的领导品质着手。

1. 必须具备责任感

大至一个企业，小至一个团体，领导的作用在于运用自己调动资源的权力，来调动团队成员的积极性，在团队成员的共同努力下达到工作目标。在这个过程中，往往会出现以下几种情况：一是员工在承担工作任务、完成工作目标时，会不断地有希望组织能帮助其达成个人意愿的要求；二是员工的个人意愿会因组织对其实施精神或物质激励而得到充分满足；三是员工在完成工作的过程中出现差错或失误；四是员工在工作过程中出色地完成了各项工作任务，促进了目标的实现。对以上四种情况，领导者所采取的态度，则能反映出领导的责任感。

这时候，领导者就要约束自己的个人行为，当员工个人意愿不能被达成时，要耐心诚恳地向员工解释清楚，他的意愿之所以不能达成是因为你结合了企业的现状考虑所致，要让他相信，只有更多的付出才会得到更好的回报。对于那些经上级领导批准，满足员工意愿的行为，要有勇气说出是上级领导的决定，而非或不完全是个人决定。对于员工在工作中出现的失误及差错，要有勇气承认与自己的领导过错有关，而不是把错误完全推

卸给员工。另外，对于员工在工作中取得的成绩，要能够给予充分认可，而不是将成绩全部记在自己名下。

2. 要有主见，不轻信、不偏向

工作中领导者与员工难免要进行很多沟通。领导者之所以要与员工进行沟通，就是想就某一件事达成大家的共识。然而，你要记住，不是意见统一了，就一定是正确的。很多情况下，员工就一件事情或者一个决议提供的信息，都是从个人的角度和喜好出发的，带有较多的感情色彩，有时与事实出入较大。在这种情况下，领导者对事情真实性的认识就会产生较大的偏差，所采取的措施往往既不能对症，也易挫伤相关人员的积极性。因此作为领导者，要坚持多听取各方意见，多做调查研究，多分析各种意见及信息来源的真实性，力争做到客观公正，这样才能更好地体现人性化管理。

3. 要习惯换位思考

我曾经和一个好友交流过关于孩子教育的问题，因为我可以管理好一个企业，却管理不好自家小儿。朋友听过我的经历后，只回了简短的一句话——把自己当作他。我自然是明白朋友的用意，他是要我做一下换位思考，站在孩子的视角去理解并分析孩子的问题所在，后来我这么做了，也确实获益不小。

而我们的领导者与员工处于不同的工作岗位，这就好比两个人站在同一座山的不同山峰，他们眼前的风景肯定决然不同，那么，作为领导就要时常习惯性地做一些换位思考，把自己放在员工的位置去设身处地地体察他们的意愿和苦恼。也只有这样，我们的领导者才能清晰地看到自己的不足，从而做出一些工作方式上的调整，以满足员工各个层面的需求，这样才有机会去开发更多的潜能，为下属的工作提供方便。

哲人说，认识别人是有智慧的体现，而认识自己才是真正的聪明。换位思考是认识他人、认清自己的最有效办法。经常换位思考，就不会出现总是抱怨别人的情况。“己所不欲，勿施于人”，以此心态对待别人也就更为理性。对于别人给予的关爱要理解，要懂得感恩，千万不要认为自己所得的一切都是理所应当的。领导安排了自己的工作，同时也就给自己提供了机会，取得任何成绩都要有感恩心理。要以严谨的态度对待自己，经常检查、反省自己的不足，持续性地改进与完善自我；要以宽容的心态对待别人，能够不断发现别人的长处并给予肯定。这样就便于相互间的理解，建立起彼此间的信任关系，便于工作的有效开展。

每个领导如果能树立起诚信、有责任感、尊敬他人、宽厚谦和的美德，讲究领导艺术，就更容易获得高品质，就能以品质的影响力去实施领导工作，从而做好领导工作。不以权威影响别人，而要以品质影响别人——这样即使自己脱离了领导岗位，也会受到别人的尊重。

人脉交际工程——社交高楼平地起

信息要依靠媒介去传递，大度要依靠砖瓦去建起，而一个领导者要想步步高升就必须建立起一个庞大的人脉网络，因为只有这个网络才可能将你从无穷无尽的普通人群中打捞出来，让你居于显赫之地。

人脉是什么？人脉就是大厦的砖瓦，是信息的媒介，是你步步高升的阶梯。人脉的重要性和必要性到底有多大？我们可以从销售这个层面谈起。大家都清楚，即便是不怎么合格的销售人员，都会拥有一张专属于自己的人脉网络，这个可以从他不断接打的电话里推测出来。

人脉在销售中的作用是很重要的，这个观点是不用讨论的。可我们每一个人的家人、亲戚和朋友都是有限的，而销售却是无限的。作为一个优

秀的销售人员，要想取得骄人的战绩，就必须学会建立自己的人脉。

曾经看到过这样一个故事：

话说美国有一家著名的直销公司要派一位精明能干的领导者去开拓一个新市场，可是公司没有一个人在那个地方有人脉。这时有一个刚到公司的小伙子向领导者请求去新的市场。他叫杰克，是一个看上去很年轻似乎没有多少工作经验的毛头小子，很多人铁定地认为他不可能成功。但杰克后来还是成功了，而且只用了极短的时间。

你肯定很好奇，杰克是怎么成功的？

据说杰克自从登上飞往他要去的那个城市的飞机的那一刻起，就开始了他的人脉建立工程。在飞机上，他向空姐打听那个城市的一些详细情况，而且很快和空姐成了朋友，这位空姐觉得杰克人还不错，于是把自己男朋友的电话号码给了杰克，因为她的男朋友就在杰克要去的那座城市。由于杰克开朗热情，乐于助人，当杰克下飞机的时候，他手上已经有了十几个电话号码。

后来他住进宾馆，又和那里的领班和服务员成了好朋友。这样下去，经过两个多月的努力，杰克不仅扎住了脚，而且他的销售业绩令全公司的人近乎目瞪口呆，不久后便被破格提升为大区领导者。

看到这儿，你或许会有异议——我又不做销售，再说我也没杰克那么有魅力，跟我谈这些有用吗？

不要以为销售只是针对某样商品而做的一系列促使其出售的举动，其实人有时候本身就是一种商品。我们去应聘，去社交，我们在工作岗位上无数次地尝试着去满足上司和下属对自己不同的要求，我们为什么要这样做？这无非想让别人认可自己、接纳自己，这与商品的销售如出一辙。

所以说，作为一个领导，同样需要兼修的还有销售的哲学，要时刻拿自己当一样商品去推销，要积极地建立人脉，以谋求更多的发展途径，以致把自己这份商品卖出最好的价钱。因此，杰克建立人脉的积极方式，同样是值得我们学习的。

我见过不少在工作中初有业绩的领导，他们在办公室里永远趾高气扬，即便下班走在街上也会觉得要高人一等，名片上的职位让他们以为他们与普通的工作者已有了很大的不同，他们自认为不能再回到那种最底层的状态，实际上，他们冷傲的表情掩饰着自己内心的恐惧和自卑。

1. 学会建立人脉，首先要放下架子

学会与人和谐地相处，热情地交谈，学会交朋友，学会沟通。人说朋友多了路好走，这真不是句假话。

当然，你也可以反驳我——人往高处走，水往低处流，我凭什么要浪费时间去和身边的普通人交朋友？这个问题问得不无道理，但是我想试问一句，你有多少机会去接触比你更高一等的人物？你又怎么知道你无意间与之攀谈的人不会是某家企业的领导人呢？

记住，永远不要以貌取人，更不要自作聪明地以为，只有比你更高一层的人才会有可能帮助到你。

2. 学会建立人脉，还要摘掉有色眼镜

《康熙微服私访记》大家都看过，里面有很多这样的片段，很多以貌取人的人，他们见康熙皇帝衣着朴素，自不拿他当高贵人等对待，更有甚者会敲诈勒索，但当事情败露的时候，他们全部是“有眼不识泰山”，后悔不已。

所以说，不要用自以为聪明的眼光去定义身边的各色人，如《西游记》里那般，有时候你信若神明的可能是妖怪，但有时候你觉得平凡至极的也可能是各路神明。

因此，要积极地建立人脉工程，还要摘掉有色眼镜，与身边任何有可能与之交流的人成为朋友，这样你的朋友圈子广了，你的线索就多了，信息面也就大了，这样才能更有利于你更好地去推销自己。

首先，要想建立牢固的人脉网络，你必须是积极的、热情的；其次，要交益友而非狐朋狗友；最后，不要只思谋索取，要先学会付出，也就是要诚恳热情地去帮助别人。能做到这三条，我相信你的人脉工程定会稳步、迅速地进展。

真心植入工程——成为老板的心腹

“植入”的意思是说，把一样东西种植或者放入到另一样东西里面去。这个词在近几年来使用的频率越来越大。例如，把广告植入到剧情里。

言归正传。作为一个领导，尤其是一个上任伊始的领导，如何能得到上司的赏识，从而让他重用你，时时事事总觉得没你不行。这需要些道行，不要以为只要自己勤奋努力、兢兢业业就一定能给领导留下好印象，他就一定能重用你，拿你当作心腹去对待。这样做的确能留下好印象，因为每个老板都会喜欢踏实肯干的下属。而你如果有这样的想法，那么你最多只会得到领导对你的好印象，其次便是总也干不完的工作，为什么呢？因为既然你能干就多干点儿吧！

在这个人与人交往的复杂社会里，人心是最脆弱的一面，你想要成为上司的心腹，没有一些功力是成就不了这份臆想的。那么，我们究竟要朝哪些方向努力，才有可能成为上司的心腹呢？

1. 学会理解老板

老板不可能在职员面前经常和颜悦色，所以，作为下属千万别胡乱敏感才好。你如果老是觉得老板的脸色很难看，对于这种心理障碍，必须克服。遇到这样的情况，你不妨这样去安抚自己，老板没有笑容，或许他是拿员工当自家人看了，对待家人就不需要那么多客套的微笑和应酬了。另外，老板要担的心、要考虑的事永远要比一个普通员工多出许多，所以他的烦恼和顾虑也会比普通员工多出好多，而人的精力毕竟是有限的，他不开心也许是因为遇到了别的什么麻烦。这样想，自己的心情就会变好，也会相对地减少一些压力。

2. 为老板遮挡风险

无论是在史实还是在后来改编的影视剧作里，我们总是能看到这样一个角色——护驾大将军，这个人必是皇帝身边的宠臣，护驾有功，非同小可。在现代的商业社会里，老板就是公司里的皇帝，一样需要有人护驾。老板所要的护驾当然与古代皇帝的需求不同，前者并无生命之险，只是在很多场合内，要随时在侧，晓得打前锋，为老板挡住面子与业务上的风险。

3. 学会在领导提问前奉上答案

要相信，没有哪个老板愿意在下属面前暴露自己的无能，当然，问题可能也不会严重到无能这个层面上，但即便是面对无知和茫然，老板也不会轻而易举地在下属面前表现。然而这些困惑总是要缠绕每一个人的，即使身为老板，也会遇到这样那样自己不好定夺的困惑。这时候他邀你长谈，定然是有目的的，如果你了解情况，最好主动把话题往这个方面扯，然后婉转地甚至略显谦虚地表达出自己的想法和见解。这样你不仅有可能

替老板解开燃眉之急，更会给他留下谦卑聪明的好印象。

4. 了解老板的个性

如果你连你所跟从的老板有着什么样的个性都不清楚，你又如何能成为他的心腹呢？所以说，当你一旦有了植入目标，就要以最快的速度去了解这个老板的个性，他喜欢什么，不喜欢什么，甚至他有什么样的做事风格以及生活小习惯，你都要努力打探得了如指掌。明白了老板的兴趣爱好之后，就要看看自己的个性有哪一方面能跟上配合，便应向哪一方面发展，从而使彼此之间的感情和关系得以更进一步的融洽。

5. 不要以教训的口气和老板对话

在上一章里，我们详细分析了演讲说话的艺术之美，但很多人还是做不到淋漓尽致，所以，万万不要以教训的口气和老板对话。不错，老板有时的想法与做法未必比下属好，但以教训的口气跟老板说话，绝大多数情况下是不会被他接纳的，只会变得徒劳无功。因此，如果希望老板照着自己的意见行事，千万别“教”老板如何做事，必须要给他预留一个思考的空间。换言之，只可以在语言上开导他依照自己的想法去考虑问题，以引导他接纳自己的主张。

6. 让老板享受喝彩

任何一个老板都有一份威风八面的潜意识，因为能够晋升上来，并不容易，其间的奋斗有多艰辛劳累，不必言说。他的成就要获得旁人的证实与认可，这是他认为理所当然的事。

因此，做老板的不但需要下属对他尊重，以各种表现去重复证实他的成就，也喜欢下属让他享受到各种各样的欢呼与喝彩。

7. 为老板保守秘密

唯有时刻为老板保密，才能让老板可以放心地把任何事都告诉你，而不用担心你会泄露出去。这看似简单的一步，其实要求你要有很高的心理素质，因为作为老板，他一副担子你们两个人挑了，他会更轻松一些。而作为你，肩上本来就有很重的担子，而你还要接别人递减下来的货物，这份苦只有挑着两副担子的人才懂，而且，你没有向别人表述的可能。因为这期间，老板很有可能会告诉你一些企业的秘密举措之类的东西，这件事如果败露，企业将会受到致命打击，这是件大事，你不能跟别人说，所以只好藏着、扛着。而如果你连最基本的秘密都不能保守，你又谈何植入老板的内心，做老板的心腹呢？

整体统筹工程——最大限度优化资源

为什么要统筹？因为要达到人力资源的最优化组合！

为什么要最优化组合？因为要效率！

为什么要效率？因为要业绩！

为什么要业绩？因为这是升职加薪、证明自己人生价值的筹码！

如果这些问题你都能对答如流，那么接下来谈这个人力资源的统筹工程。这个话题听起来似乎很有难度，其实也不过是个很直白的搭配问题，说得俗一点儿，比如你经营着一间作坊，主要制作面点类的，你让蒸包子的去擀面条，让伙夫去拌馅，让和面的师傅去卖水饺。你真敢这样做吗？那作坊肯定会被你搞得一塌糊涂。虽然这些都是一些普通的技能工作，可能时间久了每个人都能胜任，但毕竟对整个作坊是有影响的，更何况你现在管理的不是一个作坊，而是一个企业或一个机构的某一个职能部门。你

让设计员去做文秘，让策划员去画图纸，让文秘去学设计……这样的事能干吗？

别说这种可能不存在，这样的人大有人在。一般能做出这种举动的无非两种人：一种是不了解员工特长的领导；另一种是喜欢施权加压的整人型领导。但不管是哪种类型的领导，这样的做法只会异常失败和愚蠢。简单地说，作为一个领导至少要学会让每个人各司其职，然后在这个基础上对人员再做更合理的搭配和统筹。

现在我们就来分析更高层面的人力资源统筹问题，首先分享一个课堂上的小故事。

从前，有一个农夫，家里养了两匹千里马，准备在合适的时候出手，卖个好价钱。所谓“人不得外财不富，马不吃夜草不肥”，养马必须勤快，要每晚起来给马喂草添膘。尽管农夫很勤快、很努力，但是他很快发现了问题，自己这么辛苦，几个月下来，两匹马没有长胖反而掉膘了。原因何在呢？农夫百思不得其解，去找一个智者询问缘由，智者来马厩只看了一眼就明白了，他告诉农夫，马不好好吃东西关键是因为把两匹千里马养在了一个马厩里，让它们在一个槽里吃东西。每次吃草料的时候，两匹马又踢又挤，你争我抢，根本不能安心吃。解决方案就是为两匹千里马准备两个食槽，让它们分开吃。农夫一试，果然有效，两匹马很快就变得膘肥体壮了。

从这个故事里，我们要学会的另一个统筹问题是——不能安排两个能人一起去做同一件事情。因为两个实力相当的人才就好比两匹千里马，在一起的时候即使不互相争抢，也难免互相妒忌、互相攀比，难以专心做自己该做的事情，因此还不如分开。比如《水浒传》中，宋江和卢俊义每次出兵的时候都是一人领一支队伍，各自独当一面，这就是典型的分槽策略。这是一个方法，更是一个技巧。接下来，故事还在继续：

农夫解决了千里马问题后又买了两头猪，这次他有经验了，不再把猪往一个圈里养。可是这样过了些日子，两只小猪开始越来越挑食，而且看不出一点儿长膘的迹象。农夫这时又百思不得其解了，于是又去找智者寻求答案，智者问过情况后微微一笑道：哪有养猪还要分圈去养的道理？你如果想让这两头小猪长膘，最简单的办法就是把他们养在一个圈里，让两头小猪在一个槽里吃食，这样你喂食的时候它们会你争我抢地吃，如此一来，你就不用担心小猪不能上膘了。农夫听了虽然有些不明白，但是回家后还是照着智者的话做了，果然不出多久，两只小猪吃得又肥又胖，农夫心里乐呵呵的，但他一直没有明白，为什么千里马要分开养，而小猪却要合在一起养呢？

这个故事又告诉我们，这个世界上没有完全一模一样的两片叶子，它们可能同科同种，但还是会有各种清晰的脉络。而人也同样，性格不同，生活环境不同，以及文化修养和个人的生活观、价值观的迥异等各种因素，会导致不同的人呈现给大家的能力和做事风格的截然不同。而智商和情商的差异也会决定每个人不同程度的差距。

1. 一视同仁分情况

在分析了这些情况之后，你首先要明确的一点是，一视同仁是对的，但要看在什么情况下。你可以说“我对每一个员工都是平等的”，这样大家会觉得你是一个和善的人，但如果你在个人能力上也一视同仁的话，那么其他能力强的员工恐怕就会质疑你的公平性。

一个企业，一个机构，简单点儿比喻就好比是一只机械表，它表面上看起来并没有什么复杂的，时针、分针、秒针、钟盘各司其职、按部就班

地运行着，但使得这些表面部件各司其职、按部就班的，却是那些隐藏于内部的密密麻麻的齿轮和部件。而只有这些零配件合理部署、运行稳定的情况下，这只钟表才有可能正常运行。

2. 当好幕后组织零配件的专家

如果说一个企业留给大众的完美印象就是这只钟表的盘面的话，那么作为领导，你就是幕后那个组织零配件的专家。你必须要做到让这些零配件合理搭配咬合之后，才能让一切显得井然有序。但倘若你在这些零配件的搭配问题上自作聪明，随意调换，那么，这样影响到的不仅仅是你部门业务的业绩，更有可能会影响到一个企业的正常发展，这样的部门领导，企业还要你何用?

因此，作为一个领导者最怕的不是没有人才，而是有人才却不知道如何去运用，如何去更好地发挥他们的潜能。前面讲到分槽合养的道理在这一点上一定对你会有些许启发——能独当一面的千里马需要分槽喂养，让它们各自发挥所长、各负其责；而正在成长中、尚未成熟的小猪却需要合养，给它们一个竞争的平台，让它们快速成长！最简单的道理还需要领导者们慢慢消化!

慈善事业工程——必要时动之以情

这里说的慈善工程不是单纯指你今天要组织员工为××捐款，明天要带领员工为××献血，后天又要开动员大会声泪俱下地为×××寻找肾源。当然，作为一个领导，你自然要比普通员工在素质和修养上高出一些，业余时间参加一些慈善活动也无可厚非。但就某一个企业来说，你的任务是带领员工出色地完成各项随时会出现的任务，如果你一门心思全扑在慈善事业上，那么你这个领导是当不好的。

这里的慈善是有局限性的，指的是你对待员工要有相对的慈祥及善良，当然，这也并非要你从早到晚对员工笑脸相迎，即便员工做错了事情，你也会全部揽到自己头上，甚至对每个员工都低声下气。这样的领导，同样也不会成为一个好领导。

那么，作为一个领导，为什么要在自己与员工之间开展慈善工程呢？要如何去开展呢？我先回答第一个问题，为什么要做慈善？慈善是什么？就是指你要拿员工当自己的亲人看待，你要疼他所疼、想他所想，因为只有恩威并用的领导才能在员工间树立绝对的威望，从而使员工从内心里诚服于你，为你赴汤蹈火，效犬马之劳。而倘若你终日板着张脸，没有一点儿温和的言语与表情，员工可能也会听从于你，却很有可能不会信服于你，而他们的这种听从，也只是从恐惧的角度表现出来的，只是为了不挨骂不看脸色，在这样的心理作用下，即便他们能完成任务，也是硬着头皮去做的，不会有过多的激情去促使他们做出更完美的业绩来。

所以，一定要恩威并用，而非“威”字独行，因此，慈善工程也可以解释为一门领导艺术。现在，我们来分析该如何去开展领导者与员工间的慈善工程，这是有方式和策略的，不是你过年过节提上些水果礼品，给几百块钱就能解决的。

我有一个朋友开了一间规模挺大的茶吧，她是一个非常善良温和的人，所以店内员工几乎从她的店开业到现在的流动率一直很小，因而朋友对员工的习性与背景也都基本了如指掌。不久前，朋友店里一个平时很开朗的小伙子突然变得很抑郁、很沉默，朋友从侧面了解了他的情况才知道，他的父亲查出了胃癌，母亲为了让他多挣些钱，所以没让他回家，可他人虽在店里，心却全系在了父亲身上。朋友知道这件事情后，把这小伙子叫到办公室，拿出一部分钱给这孩子，又准了他一个月的假。孩子回家

看望了父亲，回来后心情虽说还是没法完全好转，但很明显的，工作比以前卖命了许多。

这就是要忧员工之所忧，他缺什么就给他什么，在自己的能力范围之内。另外，你还要注意的一点是，你可以去帮助别人，但同时要顾及到对方的自尊。

我的一个同学是一家企业的小中层，有段时间他发现一个员工上班的时间总是昏昏欲睡的样子，一点儿也提不起精神。这个员工平时表现得很好，如果没有其他什么原因，他不可能是这个样子。同学按说是应该批评提点他的，但他没有这么做，而是请这个员工去泡澡，这样不但可以让员工有休息放松的机会，也有利于他们两个人之间进行很私人的单独对话。谈话中，同学知道这个员工刚刚结婚不久，和妻子按揭了房子，本来计划很周全地可以慢慢还贷，可谁想刚交了首付，妻子就被所在的公司辞退了。好在这个员工之前干过司机，现在他白天在单位上班，晚上就替别人跑出租，每天休息不到三小时，这样长此以往，身体是肯定支撑不住的。

同学知道这件事情后，暗地里安排了员工的妻子去自己一个亲戚的公司应聘，当然招呼是提前打好的，员工的妻子自然很顺利地应聘成功。

说到这儿，你别以为我的同学会像雷锋那样做好事不留名的，他起初虽是暗地安排，但之后还是婉转地让该员工知道了这一切。事情可想而知，该员工定是感恩戴德。但倘若当初同学知道该员工的处境后只是丢给他一沓钞票，那结果就不一样了，这个员工可能会觉得自尊心受辱，而且这也不是能彻底解决问题的办法。

1. 要想员工之所想

要想顺利地开展领导者与员工间的慈善工程，促使恩威并施的领导风格的顺利演绎，那么首先你得了解你的员工。

不错，他们姓甚名谁，家住何方，你都很清楚，他们谁能力强谁能力差，你也胸中有数，甚至谁经常会按时上下班，谁会迟到早退，你都一清二楚。你要有一双善于扫描的眼睛和一张诚恳的脸，然后用它们去打开员工的心扉。不错，每个员工可能在单位都会表现得相差不多，无非上班工作下班回家，但这只是一个表面现象，你要了解你的员工他们在想什么，他们毕恭毕敬的衣着下面的内心中有些什么样的想法和苦衷。

2. 要了解员工们的想法和意愿，忧员工之所忧

许多领导不解，你让我想员工之所想，我想了，他们想加薪，想有更好的办公条件，我尽量满足了，这就够了，他们还想什么？你若有这样的想法，我劝你还是不要尝试去进行这一系列的慈善工程。为员工加薪，配备更好的办公设施，这是作为一个企业领导者应该考虑在内的，就算你做了，员工也只会觉得这个企业的待遇还不错，而不会把这些归功于你这个领导者。

这里说的要忧员工之所忧，是要你放下领导者的架子，以一个亲朋好友的身份去接近员工，了解他们生活上的困难和需求，从而尽个人能力去帮助他们渡过危机。

防火消防工程——建立一道“防火墙”

《辞典》里对于防火墙的解释是：“一种用来加强网络之间访问控制、

防止外部网络用户以非法手段通过外部网络进入内部网络，进而访问内部网络资源，以保护内部网络操作环境的特殊网络互联设备。”简单地说，也就是我们连接网络时，为避免电脑中病毒而安装的实时防杀病毒软件。

当然，防毒杀毒是必需的，但这里的防火墙，我们只取它的表面意思，直白地说，也就是用纸包不住的火，我们一定得用防火墙将它阻隔在安全距离以外。而要求领导学会做防火墙，不是说要求你用某些器具去筑成一座防火墙，而要你自身在起火的时候能成为一面防火墙，稳稳地站牢了，不能倒下。

可是为什么要做防火墙呢？因为领导需要，员工也需要。因为领导往往处于夹层的位置，你得随时随地地准备好为上下层服务。

举个小例子，你那个平时威信极高、口碑极好、人品极棒的老板某一天突然致电于你，在工作之余的时间，要你帮他一个小忙，比如说，他的红颜知己因为和自己有个误会，不接他的电话，也不接受他的约会，于是他想让你送一些礼物给他的红颜知己。或者，他与情人的地下关系被老婆发现，情人被困在某个公寓或者别墅里，老婆就堵在门外面，老板这会儿找你解围，那是信得过你，你自然为了讨好老板，二话不说立马帮他解决了。但这件事毕竟是老板个人极为隐秘的事情，不是万不得已，他是不会公之于众的，而他之所以告诉你，可能也是权衡良久，觉得你还算信得过，于是让你帮了这忙，而你也帮了。

这事，到这里就结束，当作什么事都没有发生那是最好不过的了。老板定会记得你的救火之恩。倘若你的好奇心作祟，自作聪明地拐弯抹角去查问这件事的来龙去脉，那老板自然会不高兴，对于你的出手相救，他也不会感恩于心，甚至会疑惑自己当初的举动，找你到底对不对。

而这时候，你最不应该做的事就是把这件事夸大渲染后，告诉那些你认为不会出卖你的朋友。要知道人嘴没上锁，迟早有走漏风声的时候，即使这个朋友你认为非常值得信任，但他也可能有失言的时候。所以说，这事最好是到你这里就结束了，当作什么都不曾发生一样，这样老板才会对你的解围心存感激，才会在内心对你的评估又高加几分，升职加薪那也是指日可待的事情。但如果事情败露，而且是出自你口，那么你就别想翻身了。

在这种情况下，你要学会做老板的防火墙，让他觉得你切实可靠，以后什么事都敢交给你去打理。

1. 当防火墙要勇于担当

再举一个例子，你的一个很得力的下属，他一直钻研于某一项业务，但是智者千虑，必有一失，某天他意外地失败了，造成了很不好的后果，这时候你该怎么办呢？你批评他？反映给老板？那这个下属很有可能会实话实说：当初这方案可是领导定的呀！这样一是替自己开脱，二是责任全推到你身上了。这样的话，老板肯定会直接怪罪于你，而不会和一个普通员工斤斤计较，那么吃亏的就只有你了。

而聪明的做法是，既然下属已经把这把火点着了，那么你就应该站出来义无反顾地充当防火墙的角色，而且要在尽可能短的时间内把这团火予以小化，甚至可以想办法让它不复存在。毕竟就算是老板英明，知道这错在于下属而不在于你，那么，犯错的下属很有可能面临一个结果，就是被辞退，就算不辞退他也要接受严厉的批评。而这个员工如果被辞退，你会少一个得力助手，而倘若他只是被狠狠地批评了一顿，那么对他来说也会大伤士气，以后的工作中他肯定会墨守成规，不敢再做有意义的新的尝试。这样的话，整个团队的工作效率都将受到影响，所以说，聪明的做法是把自己当成一堵墙，把这团火牢牢地控制在自己的能力范围之内。

当然，毕竟你的能力有限，有些后果可能是你无力阻挡的，但即使这件事反映到老板那里，你也要英勇地站出来，与下属同担风雨，这样的话，老板往往会网开一面，对你们也只会略加批评，提醒以后注意便是

了，因为一个老板他有可能直接开除一个职员，也有可能直接开除一个领导，但倘若站在他面前的是一个领导外加一个部门精英的话，他便会多一重考虑的。

这样一来，你在同事之间也树立了威信，大家不仅会觉得你是一个有仁有义的好领导，还会觉得你是一个有情有义的好人，这种凝聚力要胜过你开十几次的鼓动大会。而在老板那里，也会为你博得高分，他会觉得你是一个勇于担当的领导，至少敢知错认错。而很多老板最喜欢的莫过于这种管理能力强又谦卑恭顺的管理者。

2. 让纸包住火

上面的两个例子其实就是个纸要包住火的道理。中国古话讲得好，“纸是包不住火的”，但这要看在什么情况下，如果用餐巾纸去包一根燃着的火柴或者蜡烛，这想都不用想，肯定是包不住的。但那种孔明灯，是可以包住火的。为什么呢？因为餐巾纸就巴掌大那么一小块，要包住一根燃着的火柴或者蜡烛，可以说其间一点儿空隙也没有，火自然是要将纸烧着的，而孔明灯就不一样了，纸包大了，火小了，这样不仅能相得益彰，包得住火，还能越升越高。

中国社会的传统哲学文化里有这样一种表达，比如以柔克刚、有容乃大、四两拨千斤、打太极等，说的都是以小胜大、以少胜多、以弱胜强、以己之长克敌之短的道理，这就告诉领导者一纸虽轻薄、火虽强势，纸一样可以把火包起来！

清正廉洁工程——小心驶得万年船

作为中层领导，很多人会有这种想法，反正我又不是什么莲花，就不用负什么“出淤泥而不染”的责任啦。在这里，我想提醒你一句，出淤泥而不染的不仅仅有莲花，还有萝卜。因此，个人的清正廉洁问题也应该慎之又慎。

“洁身自爱”与“清正廉洁”同属于社会主义荣辱观范畴。洁身自爱是一种美德，清正廉洁是一种精神，它们阐述了人的思想境界。随着社会经济的发展，各种诱惑冲击着人性的弱点。在实际工作中，如何洁身自爱为人，清正廉洁做事，以赢得员工的支持和信任，对领导而言，有着特殊的意义和要求。

洁身自爱是君子必修之功，清正廉洁是中华民族的传统美德。我国自古以来就存在崇廉、促廉的良好传统，清正廉洁不仅被视为“国之四维”，而且被视为“仕者之德”。

纵观我国几千年的历史，凡是吏治比较严明、宫风比较清正的朝代，必然繁荣昌盛；凡是吏治混乱腐败、官风腐化堕落的朝代，必然衰败不堪，甚至走向灭亡。

历代君主都把“吏治清明”看作是太平盛世的重要特征。史称西汉“中兴之主”的汉宣帝认为，“吏不廉平，则治道衰”，并下诏全国要求百官廉洁公平、勤于政事；清朝雍正皇帝强调，官吏的操守是治国的根本，“吏治不清，民何由安”，下决心整顿吏治，严惩贪官，由此才有了继往开来的“康乾盛世”。

1. 吃人的嘴软，拿人的手短

不要以为自己只不过是个领导者，就算别人贿赂自己，也不过小恩小惠，就算吃了穿了也都是些蝇头小利，完全可以忽略不计。而一些大官肯定薪水不错，只是在那儿装廉洁呢。如果这样想，你就错了，有些官员虽然官职不小，但他的生活可能并不奢侈。

我曾经看到过这样一句话，如今一直奉为经典，那便是——裹尸布没

有口袋。意思无非是，钱财乃身外物，是生不带来、死不带去的东西，计较它又有何用？

2. 无私方能无畏

我们不难听到年轻的父母们也会教育年少的孩子——不是自己的东西，不能拿不能要。因为人总是有私欲的，不是靠自己的劳动而得来的东西，就好比是大麻、鸦片。你开始的时候可能只是吃别人一顿饭，抽别人一盒烟，但是这种行为习惯养成之后要想戒掉就很难了，那时候，可能就不是简单的一顿饭、一盒烟的问题了。

再换个角度去考虑，下属愿意请客送礼求你办的事，肯定是要你按正常程序办不能办的事，但你吃了人家的、拿了人家的，你是不是就得给人家开一个缺口，把这件事办了？这就好比河堤，起初哪怕只是开了一个芝麻点大的小口，但天长日久，这个缺口会越来越大。就算你帮他办了事，人家不一定就会完全地感恩戴德，他有可能会在心里骂你，觉得你是为了吃他喝他贪他的好处才有意为难他，这样的怨仇若积攒起来，那也会大得可怕的。

所以说，作为领导，我们可以在工作方式以及人事处理上玩转一些灵活艺术，但是在清正廉洁这一块可要万万小心。常言道，“小心驶得万年船。”因为时间还多着呢，日子还久着呢，只要你认为自己确实是一个有能力的人，成功是指日可待的事情。所以，万万不能为了一些蝇头小利而把自己推入一个很尴尬很危险的处境。这样不仅有可能断送掉你的仕途大业，也可能断送掉你的一生，因此，奉劝诸君，面对各种诱惑，最好慎之又慎！

查漏补缺工程——一招不慎，满盘皆输

一道开缝的堤坝若不维护必将开裂，一间长期漏雨的房间如不修缮必将倒塌。事情往往就是这样，起初不经意的细小漏洞，会导致日后无法弥补的巨大损失，这就好比一段良木毁于虫蛀，一间大厦倾于微不足道的白蚁一样。因此，查漏补缺是领导者务必掌握的技巧，而且要长期坚持。

我有个朋友在一家公司的项目部工作，也是个领导，是从另外一家单位借调过去的。当初他刚调过去，部门里的人都不熟，倒是有个人待他特别热情，他对这个人也产生了好感，一度相处得极为和睦，除了觉得这个人喜欢拍马屁之外，似乎也没有多大的缺点。于是一些重要的事情，朋友不能单独完成的时候，他总是习惯性地找这个同事一块儿做。不久前，这个员工突然找到我朋友，说是家里有急事，想从单位账目上先借支五万块钱。以前公司对于困难员工有过先例，但财务部门一定要我朋友的亲笔签字。朋友知道这个人的合同快到期了，就算他干到合同到期，工资奖全加起来也不足五万元，而如果签字，很有可能会对公司造成损失，于是朋友去找领导者，商量后只借给这个员工两万元。

从此，这个员工从心里就恨上了我这位朋友，但表面上依旧不动声色，朋友还以为他知理大度，结果不久后事情就出来了。在一个业务招标会上，朋友打电话到办公室交代这个员工带上标书和相关材料到×××酒店会议大厅见面。

结果这个人是赶过去了，风风火火的，手里也提了个文件袋。会议召开得急，当要上交标书和可行性报告计划的时候，大家傻眼了，他带去的只是一份很普通的文件而非标书资料。同学这时候才知道他是有意为之

的，因为他很清楚地交代过标书在哪个抽屉里、里面都有些什么资料等。

自不必说，那次招标很意外地失败了，原本必成的业务结果在朋友那儿出了差错。

这就是要教育我们，职场江湖中鱼龙混杂，要想工作上不出差错，在用人的时候就一定要练就一双火眼金睛，尽量不要出任何的差错与漏洞，因为你毕竟是领导，若一招不慎就有可能满盘皆输。所以，不要以为对你微笑的人都怀揣善意，他们可能背后有刀。

那么，这个漏洞要从哪里查起呢？

1. 从自身

孔子曰："日必三省其身。"也就是说，人每天要用三件事情去反省自己，以时刻发现自己的不足。

试想一下，你能从办公室的一个普通职员升迁至领导的位置，那说明你身上有很多强于他人的闪光点，这是一些很优秀的东西，你必须将它们继承而且优化下去，不能因为自己现在高人一等了，就可以放松警惕，就可以不用去学习，就可以不用去钻研业务。如果你真有这种想法，那么，龟兔赛跑里那只兔子是怎么输的，你也必将以同样的方式输掉你现在拥有的一切。

你要知道，上司对你的升职和厚爱是对你努力工作与辛苦付出的一种肯定和奖赏，他之所以这样做，是希望你能在新的岗位上发挥出自己更大的潜能，而不是平白无故地给你一个比较轻松显赫的位置让你去养尊处优。在这种环境下，你更要加强自身的历练，做好上司的助手，做好下属的榜样。因此，大家对你的要求会更高，你的压力会更大，这就好比逆水行舟，不进则退。

所以，反省自身是重中之重，倘若你连自身的不足和缺点都不能及时发现并加以改正，你又如何去更正你下属的不足，去协助你的上司呢？

因此，反省自身是排漏的第一步。

2. 从小人

职场是一个鱼龙混杂的地方，用江湖来比喻职场，真是个非常确切的比喻。这里有侠肝义胆的剑客，有阳奉阴违的败类，更有卑鄙无耻的小人。这样说，并非要丑化职场，我们始终要相信，这个世界是美好的，好人还是多的，但毕竟有鱼的地方就有虾米，有江湖的地方就有使暗器的小人，所以，害人之心不可有，防人之心不可无。

职场里，永远少不了这样的角色——见利欢、见害愁，阳奉阴违的墙头草。作为一个领导，如果遇到这样的角色，千万不能被他的马屁拍昏了头，要时刻保持自己的警惕和清醒，就像这个世界上不会有无缘无故的爱一样，普通人之间也没有无缘无故的屈尊，他凭什么要低三下四地去讨好你呢？无非是想在你这里有利可图，而且自然是原则之外的所谓利益。

这时候，你若坚持原则，肯定会得罪他，但你倘若满足他，定是要违背原则。而作为领导，你定然不会因为一些甜蜜的马屁去违背原则，那么你只有得罪小人了。而得罪一个小人的后果，有可能要比得罪一个君子的后果更可怕一些。

从小我们就被教育要与人为善，这个善是广义的，但不论它有多广，都是要因人而异的。农夫救蛇，蛇还要咬他，这就是盲目的善，因为很多事情都是在变化中的。一件事，一个人，你不知道他在发展的过程里会有多少变化，所以，多留一个心眼总归是好的。虽然在领导哲学里有一句老话叫“用人不疑，疑人不用”，其实这句话本身就是有漏洞的，这就好比一些间谍能轻松融入一个团体里面而不被人察觉一样，就是因为该疑的人没有疑，该防的人没有防。而职场和战场是一样的，我们要时刻提高警惕，在与人为善的前提下，还要多一层防

备，这样会显得更安全。

而针对于一项工程、一个计划也是同样的，要反复推敲，直到排除一切隐患、一切漏洞，因为许多时候，百密一疏就等于满盘皆输。

第十章 角色6 慈善家——体恤员工、有容乃大的艺术

成为慈善家有时只需动动嘴

大家说慈善家都是好人，那是不是好人就能被称为慈善家？实际上，并不是非得捐钱捐物帮助别人才能被称为慈善家，只要帮助了人，令他们得到帮助，得到快乐，哪怕你只是动动嘴唇说些好话，令人获得自信，变得开朗，你就是一个做了好事的慈善家。

一些领导者，在工作中总是遭遇失败，总会觉得下属一点也不给力，于是只知道责怪别人，甚至不乏一些毒蛇领导。这样一来只会削弱士气，令员工做起事来更加不自信。

所以，这时你要做的就是发善心，发自内心地多多鼓励你的下属。

1. 学会赞美对方

正所谓“一叶飘零而知秋，一夜勃发而知春”，哪怕只是小小的一滴水，也能够折射出整个世界。真情是需要赞美的，而细微之处更能显现出真情，所以，经验丰富的人往往能抓住某个人在某一方面的行为细节，巧施赞美与感谢。这样比较容易博得对方的好感。

受到赞美是每个人内心的愿望，每个人都想让别人赞同他，承认他的价值，不愿意听不真诚的阿谀，而苛求诚挚的赞赏……所有的人都需要这些。因此，如果我们想得到别人的赞美和喜欢就应该先学会赞美别人。

赞美是人与人之间交往的一潜台词，赞美的话能让你赢得人心，你肯定别人的时候，也会得到别人的肯定。想要获得别人的喜欢，就要学会赞美别人，并不一定要有回报，因为真诚地赞美别人是一种美德，掌握了它，你就能征服人心，就像托尔斯泰说的：“甚至在最好的最友爱的最单纯的关系中，阿谀或称赞也是不可少的，正如同要使车轮子转得滑溜，膏油是不可少的。”

如果你的赞美合对方的心意，那么他们就会更加对你有好感，换句话说，你这是挠到了他的痒处。那么，我们怎么发现别人的痒处呢？曾是日本最具影响力的业务员齐藤竹之助说：“想轻易地发现每个人身上最普遍的弱点，是很简单的事情，因为只要你观察他们最喜爱谈的话题便可以知道。因为言为心声，心中最希望的，也就是嘴里谈得最多的。你就在这些地方去挠他，一定挠到他的痒处。”

美国著名女企业家玛丽曾说过：“世界上有两件东西比金钱和性爱更为人们所需——认可与赞美。”

金钱在调动下属的积极性方面不是万能的，而赞美却恰好可以弥补它的不足。因为生活中的每一个人，都有较强的自尊心和荣誉感。你对他们真诚地表扬与赞同，就是对他价值的最好承认和重视。而能真诚赞美下属的领导能使员工们的心灵需求得到满足，并能激发他们潜在的才能。打动人最好的方式就是真诚的欣赏与赞许。

一个由许多块木板围成的木桶，水的容量并不由最长的木板决定，而由最短的木板决定。木桶的木板就好像一个事物的各个组成部分，事物的每一个部分都可能成为“短板”，我们只有不断地修正“短板”，才能提高事物的整体水平。一个领导者只要学会找出每个人的“短板”，然后延长这块短板，就能够获得更大成功。中国人由于处事含蓄，常常不喜欢激励人，因此，激励能力就是中国领导者常有的短板！很多领导常常感慨，人心散了，队伍不好带啊！其实，这就证明这些领导在激励能力方面很欠缺！

所以，从今天起，请动动你的嘴皮子，夸奖和赞美一下你的下属吧！

最好的办法是通过你的言辞，称赞、敬佩、羡慕对方的某方面优点，不过赞美要真诚，不要夸夸其谈，这样会给人以讽刺之感。还有平时要多关心对方，因为这也是我喜欢你的表现。对于你的示好，别人不会无动于衷，对方也会将心比心，以心换心。对方也会以同样的方式喜欢你，也会在言辞中通过钦佩、敬仰、赞美之情，传达出喜欢你的信息，并且愿意为你做你想让他做的事情。

2. 记住下属的名字

名字其实并没有什么特别的价值，只不过是识别一个人的符号和标记而已。可是，如果一个并不熟识的人在某个公开场合，叫出了你的名字，你对他肯定会有一种亲近感，感到他对你的尊重。每个人都会有这样的感受。在一些重要的场合，如果领导者叫出自己员工的名字，员工不仅会感到被尊重，还会因此感到自豪。这是一种无形的奖励，能够成为工作中有效的激励，员工会更加努力工作，因此领导者最好有意识地记住一些员工的名字，并与他们亲切交谈，了解他们家庭和个人的情况，只有这样才能和员工做到真诚交流，并且会让员工感受到一种被重视的感觉。

但是要想记住一个人的名字，有时确实是一件比较困难的事情，尤其是有些人的名字并不是太好记。这种难记的名字一般人都不愿花费心思去记，都会在心里嘀咕："算了，不如就叫他的昵称好了，这样更容易记住。"但是你是否想过，一旦你叫出别人的名字时，将会产生什么样的魔力呢？

唐骏一直认为，作为企业的总裁应该知道名字中蕴藏的魔力。姓名让它的主人与众不同，它使人与人区别开来。当尊称别人的名字时，一个领

导者传递的信息或是提出的要求会让对方产生一种特殊的被重视的感觉。在社会中，当你与人交往时，不管对方是女招待还是资深职业领导者，名字都能发挥出神奇的作用。因此，如果你想让别人喜欢你，那就请记住他们的名字吧！

慈善家的度——管理无情

人是感情的动物，不管他所处的身份是慈善家、领导者，或者二者都是，他都有着七情六欲。人不能没有情。慈善家正因为他是一个充满情、充满爱的人，才会如此受人尊重。但管理是无情的，所以想要二者合而为一，其实还是挺有难度的。

这正应了刘禹锡在《竹枝词》里写到的一句诗句——东边日出西边雨，道是无情却有晴。领导者就是管尺子的人，在团队里，他得去定规则、信规则、守规则、求规则、认死理，他必须做到“疾恶如仇”“眼里容不得沙子”。如果这样一个管尺子的人，四处“存情”那还得了？不错，现在总会有那么一些领导者在领导过程中经常夹带一些个人感情，身处要职，有亲朋好友来求帮忙，拒绝了觉得怕没面子，然后就利用党和人民所赋予的权力，替别人办事，这些事，明着看是有情了，可最后的结果却是害人又害己。

1. 老好人要不得

在一个单位、一个团队，不可能没有规章制度，但执行力却很稀缺。为什么会没有执行力呢？关键还是管理跟不上。有些领导者，见下属犯错，总想着“下不为例”，如此一来，总是“今天算了，明天再说”，周而复始，就变得下属做事拖拉、纪律松散，而被他们尊为领导的人就成了摆设，更成了他们心中的老好人。正是这样的老好人，对他们不管不问，总有一天，小的坏毛病会积少成多，大的事故就会发生。

毛泽东在《反对自由主义》中，对“老好人”是这样描述的：一种人是事不关已，高高挂起，明知不对，少说为佳，明哲保身，但求无过。一种人是见群众不宣传，不鼓动，不演说，不调查，不询问，不关心其痛痒，漠然置之。还有一种人是见损害群众利益的行为不愤恨，不劝告，不制止，不解释，听之任之。

从描述中我们不难听出，就其自身而言，这种“老好人”般的领导不思进取，懒得提升，是对自己的不负责；就群众而言，干工作敷衍搪塞，对百姓疾苦漠然置之，是对人民信任的辜负；就社会而言，无主见、无原则，不求创新，不利于社会的发展，最终会影响百姓的“幸福感”。所以这样的老好人，看着是对下属有情，其实却是无情。

2. 管理“无情”，团队“有情”

领导者的内心一定要热血沸腾，对人对事一定要热情洋溢，对公事，要做到像包青天一样铁面无私，敢于对不良作风和习气“亮剑”，要敢于像包青天一般做到“一刀切”，上可切皇亲国戚，下可切作恶多端之人，对不合理的要求，就要一口拒绝，做到“手下无情”。要有“不讲理”的命令，要有“不变通”的要求，要做到“手下无情”。

管理“无情”，团队“有情”。一个合格的领导者必须做到“无情”，一个优秀的领导者不仅要做到“无情”，还必须实现从“无情”到“有情”之间的转变，即在工作之外，要心怀大爱，放下“铁”的面孔，做一个有情的人，以轻松亲和的状态融入团队，关心帮助团队成员成长，营造“和谐有情”的团队氛围，从而创造“团结有力”的工作局面。

得饶人处且饶人

在日常工作中，我们要善于处理和平衡各种关系：自己与上司的关系、自己与下属的关系、同事之间的关系以及下属之间的关系等，只有努力平衡各种关系，才能更好地在纷繁复杂的职场中获得生存和发展，才能将自己放置于最有利于工作开展和人际交往的位置上。常言说得好，“能帮人处且帮人，得饶人处且饶人”，大家工作在一起，难免会发生合作与碰撞，帮人一把，饶人一处，其实都是在为自己种植幸福。

朋友欧洋是一名销售部领导，他的下属几乎个个都是销售高手，这让大家感到很惊讶，也非常想知道他是如何对员工进行指导和培训的。于是，我邀请他在我的培训课上跟各位学员一同分享他的成功经验和方法。

欧洋说：“其实，我没有什么特别的经验和方法之道传授给大家，我的每个下属都非常勤奋和用心，即使他们中有的人经验尚浅，有的人屡屡碰壁，甚至有的人也犯过严重的错误，但是我认为，作为领导，除了传授一些基本的销售方法和心理指导的同时，在员工犯错误的时候给予必要的理解和宽容更是十分重要的。我部门有一名销售人员，小伙子很热爱销售工作，也很聪明，且善于沟通，只是有的时候稍显毛躁、不够定性。有一次，我派他到上海和一个大客户见面，这个大客户对我们的产品很感兴趣，如果达成销售，将是一个很大的订单，所以他去上海的目的主要是向客户做一次系统的产品介绍和展示，但是第二天，也就是理应进行见面沟通的时候，他给我打来了电话，我感觉情况有些不太对头，果然没错，他竟然忘记了带产品的介绍幻灯片（PPT），我说那我现在发给你也来得及啊，他说来不及了，对方老板认为我们做事不够专业，他很气愤，决定临时放弃和我们合作了，他在电话里的声音战战兢兢，因为他知道这次销售如果没有达成，对我、对我们整个部门的意义。我什么也没说，只是在电话里说了一句话：那你回来吧。小伙子回来之后，很是紧张，生怕我会将他开除，但是我没有责备他，而且对他进行了开导和安慰，虽然很可惜，但你也尽力了，谁没犯过错误，只要下次改正，我相信你会做得更好，再说如果仅仅因为年轻人的一个错误，就对他及他的产品全盘否定，那个客户看来也不值得我们珍惜，去把这个案子做了吧，我相信你。显然他对于我没有批评他显得很是惊讶，但马上又恢复了斗志和信息，拿着方案大踏步地走出了办公室。于是，在以后的工作中，他几乎屡屡创得佳绩。”

可见，每个人都有可能犯错。慈善家的另一个特点就是能得饶人处且饶人。如果你能够少一份责骂，多一份宽容和鼓励，相信每一名员工都是一个人才和潜力股。

1. 能帮人处且帮人，其实就是帮自己

有一句话大家一定听说过：搬开别人脚下的绊脚石，往往就是在给自己铺路。每个人在工作中都会碰到这样那样的困难和麻烦，有的时候光凭自己的力量是难以解决和克服的，这个时候就需要别人的帮助，如果你能在关键的时刻给予对方真诚的帮助和支持，懂得感恩的对方将会对你的付出铭记于心，甚至终生难忘，那么当你遇到困难和障碍的时候，对方也会毫无保留地为你奉献，正所谓“你敬我一尺，我还你一丈。”所以，能帮人处且帮人，其实就是在帮自己。

2. 得饶人处且饶人，凡事给自己留退路

“得饶人处且饶人”，如果能够在适当的时间放别人一马，实际上就是在为自己留退路。俗话说：“人非圣贤，孰能无过?”在日常的工作和生活中，人与人之间发生一些摩擦和不愉快在所难免、实属正常。一旦发生了矛盾，即使自己站在有理的一面，也不应该过分的指责和批评对方，尤

其是当对方已经认识到错误且有悔改之意的时候，更不应该穷追不舍。要知道“得饶人处且饶人”，凡事不可做绝，一定要记得给自己留条后路，如果下次是自己做错事的时候，难道不希望得到别人的理解和原谅吗？

“得饶人处且饶人”其实是另外一种教育的方式。当别人犯错误的时候，如果你只是一味地批评和数落，且全然不顾对方的接受程度及自尊心，那么有可能会让对方产生逆反心理，不但起不到教育的效果，反而让对方对你记恨在心。如果你采取的是理解和宽容的态度，照顾到对方的自尊心和心理感受，那么对方反而容易接受，从而有效避免错误的发生；同时，一味地批评和数落对方也是由于自身修养和素质的欠缺，在适当的时候给予对方台阶、给予对方一个原谅，也是自身素质的良好体现。

成为快乐传递者

工作中需要创造快乐，更要学会分享快乐。部门领导者在与下属的日常沟通和交流中更要学会营造轻松温馨的氛围和愉悦快乐的感觉，让大家在一个轻松快乐的氛围和气氛下工作，才有可能创造更好的工作成绩和业绩。

朋友张墨非常善于调动部门的工作气氛以及与下属分享工作中的快乐，虽然真正值得快乐的事情并不是每时每刻都在发生和上演，但是只要有一颗积极向上的心和善于发现快乐的眼睛，其实生活中处处隐藏着快乐。

有的时候当部门的工作获得了老板的认可，张墨就会开心地和大家共进午餐，虽然大家吃的是自己的便当，但是吃饭的感觉却是不同的，每个人都在眉飞色舞地说着开心的事情，还讨论说下次的方案和计划我们可以这样或是那样的策划，快乐的笑声从餐厅中传出，让其他部门的员工好不羡慕；有的时候当团体辛苦确定了的方案获得了公司的通过，张墨也会高兴地和每个人击掌，就是这样一个简单的动作，却往往将员工心底最深处的感动和潜力激发出来，从而创造出更强大的爆发力，获得更大的成绩。

有的时候，张墨也会组织大家去郊游或野餐，暂时忘却工作中的紧张和忙碌，将自己置身于大自然和最为原始的生命力，何尝不是一种美好和快乐呢?

工作中，一定要善于在团体中创造一种和谐的工作氛围，让每一名员工都能够感受到工作的快乐和美好，只有让大家心情愉悦、轻松上阵，才有可能增加面对困难的勇气和信心，才会在快节奏的工作中找到一丝安慰和宽心，才有可能创造更多的可能和迸发更多的灵感。

1. 与下属分享成功的快乐

当你的部门在公司的各项评比活动中获得名次和奖励的时候，当通过团队中所有人的努力达成了公司要求的业绩和目标的时候，记得一定要和你的下属共同分享成功的喜悦，因为成绩是依靠团队中所有人的努力换来的，大家理应对自己报以热烈的掌声和喜悦的微笑；同时，良好和积极向上的团队氛围还可以带动每个人朝着更高的目标迈进。

2. 与下属分享进步的快乐

有的时候，你的部门在公司整体工作的安排中可能并未获得一定的成绩或奖励，但是大家的努力和进步却是有目共睹，团队中的每一名成员都付出了自己的智慧和汗水，所以不管是出于激励还是共勉，部门领导者仍要和大家共同分享进步和付出的快乐，虽然这一次没有获得认可，但是大家有信心做得更好，只要坚持不懈终究会到达成功的彼岸。

无私地帮助员工

有关员工的问题是职场中永远也讲不完的故事。

我的学员陈锋是一家室内装潢设计公司的设计部主任，由于从小家庭并不富裕，他从一名普普通通的设计员开始做起，在很多小设计公司打过工，吃了很多苦，也遭了很多罪，虽说现在的他成了家、立了业，生活条件好了许多，但是物价的飞速上涨，生活压力的陡然增大，让原本依靠死工资养活全家老小并供房养车的陈锋，依然不敢有一刻的松懈。偶然的一次，朋友家新房入住，要装修，便找他帮忙，希望给简单设计个图纸，图纸设计完成后，朋友非常满意，并要给钱表示谢意，陈锋坚决不收，但回家以后，他发现上衣兜里多了三千元钱。这次的事让他陷入了深深的思考中，他在公司设计的图纸要远比这复杂得多，且要求质量高，每月拿的工资无非不足万元，但他用几天的时间，七拼八凑的图纸竟然轻而易举地获得了几千元。

一番思考和挣扎之后，陈锋在工作以外的时候做起了私活，由于公司杜绝设计师接私活，但陈锋想到目前现实情况的利益，还是冒着被发现的可能接了私活。纸永远包不住火，时间一久，上司发现原本工作态度认真仔细的陈锋总是在设计图上出错，且总是要经过多次修改，原本点名要求他设计的客户也多数没有达到满意，后来上司知道了陈锋接私活的事，与他进行了一番沟通，说他因为接私活，已经严重影响到公司的正常工作，既然是公司的员工，就要以做好自己目前分内的工作为主，否则责任心何在？何况他还是设计部的主任，如何为其他员工树立榜样和表率？发展的目光要放得远一点，自己在公司所接触的客户都是大客户，如果让他们得到满意，自己在业界的名声就会被传播得很远，这要比自己接十个个人装修的私活强得多。

上司原本要对陈锋进行升职的，但因为这件事，最后将他由主任降职为副主任，这是多么得不偿失的事情啊！

私心几乎人人都有，但是如何控制和抑制自己的私心却是一件不太容易的事情。作为一个发展中的个体，我们未来的发展之路还充满许多亟待探索和发现的美好，不要为了一个渺小的眼前利益就葬送了自己的大好前程。作为部门领导，更要对员工进行适时的引导和点拨，让员工认识到私心杂念的危害，及时调整方向，重新起航，才会顺利地到达彼岸。

下面的几点建议希望可以对新官上任的各位领导们有所帮助和启发。

1. 了解原因，对症引导，加强沟通，解开心结

员工在工作中产生了某种私心杂念，一定是基于某些原因，作为领导，不可一味地批评，因为不分青红皂白的批评带来的结果只能是适得其反，给员工的心理造成巨大压力，不仅不利于员工私心杂念的去除，还会加深自己与员工之间的矛盾，甚至会影响到工作正常持续的开展。所以，在发现员工的异常或变化之后，首先要与员工进行心与心的交流，了解杂念产生的真正原因，从而对症下药，争取以最合理和圆满的互不伤害的方式给予解决，从而解开员工的心结，回归到正常工作的轨道上来。

2. 摈私心、弃杂念，把眼光放长远

一般员工产生私心杂念，都是源于自己的某些个人利益方面的考虑和打算，所以，领导要将道理与员工讲明白。告知员工，发展是具有持续性和变化性的，是随着你的努力和付出一步步向好的方向发展演变的，所以，不要将眼光仅仅局限在眼前，只顾自己的一点眼前利益，而放弃了美

好的未来。

3. 两耳不闻窗外事，一心扑在发展上

有些员工之所以会产生私心杂念，往往是受周围同事的影响。由于个别同事对某些事情的态度、看法、观点和决断等，对其他员工产生了深深地影响，从而产生了某种私心杂念。作为员工，对待任何事情都要有自己的判断和认知，别人的观点与建议只能是作为一项参考，不能起到决定性的作用。但是，这里所说的“两耳不闻窗外事”不是与世隔绝，与其他同事老死不相往来，在工作中不与其他人产生一点互动与交集，而是面对某些事情的时候，要运用自己的头脑，进行理性的判断。

责人更要责己

“金无足赤，人无完人”，每个人都难免会犯错。作为部门领导者，员工犯错的情况也时有发生，是批评指责还是讲明道理，抑或宽容原谅，相信每一名领导者心中都有自己的一杆秤。慈善家之所以受到人们的尊敬，就是因为他心中的那一抹“善念”，就算犯错，也会主动承担，责人更要责己。

朋友如意向我讲述了他对一名员工的歉疚之事：

上个月，公司给一个外埠的客户设计了一套土建施工图，客户很满意，于是很快进入了施工阶段，我将这个工程的现场施工跟进工作交给了王润，便匆匆去开会了。半个月之后，王润回来了，上交了一份工程一期施工进度报告，由于上司急着看，我只是大概扫了几眼，就交给上司，因为我对王润的工作能力也非常信任。但是，在即将召开的工作分析会上，我却受到了上司的批评，原因是该现场交底的工作，乙方反映没有交代得很清楚，领导对于我会犯这种错误感到很诧异。会后，我找到王润，不分青红皂白地就对他一通批评和指责，但是怒气渐消之时，我发现王润的脸色和神情不太对，还不住地咳嗽，便让他自己回去反省。第二天，其他同事给王润请假，说他住了院，我心一惊，不会因为自己的几句批评就住进医院了吧。后来我才了解事情的原委：原来，在我派王润出差的时候，他已经身体很不舒服，还发着烧，但看我对他一贯的信任，他也便不好推辞和请假，硬着头皮接受了这项工作，这个季节的工地风非常大，天气也异常的寒冷，王润每天都要待在工地，本来就不舒服的身体更加糟糕，但他还是强忍着完成一期的跟进工作，勉强完成了报告，回来后，病情严重，到医院检查，原来是急性肺炎，怪不得我在给他安排出差工作的时候，就感觉他有点不对，都怪自己当时忙于工作对员工的关心不够。

如意很显然是做了一个不良情绪的传递者，上司对他发了脾气，他便在没有搞清楚事情原委之前就对直接责任下属进行了严厉的批评和指责，殊不知，由于他的轻率和不负责任，对员工造成了多么大的伤害。所以，责人之前要先责己，问题的发生不见得都是别人的毛病，先低头看看自己，也许你就找到了解决问题的根本答案。

以下提供几点小建议，相信会对你有所启发：

1. 责人之前，先了解情况，避免造成误会

在打算对下属进行批评和责怪之前，作为部门领导者，应当对事情的来龙去脉有一个综合和全面的认识与了解，了解的渠道要真实可信，不可道听途说，否则没有弄清事情的真相原委便对员工大发雷霆，必定会对员工的身心造成巨大伤害，同时因为冤枉了员工，事后打算弥补或排除隔阂与尴尬也会存在难度。当然，即使已经确定是员工的责任，也应采取正确

有效的教育方法，不应一味地批评数落。

2. 责人之前，要看问题是否出现在自己身上

责人不如先责己。在准备责备员工之前，作为部门的领导者，要首先看看自己身上是否存在这样或那样的毛病和问题。通常情况下，作为下属往往是按照上司的旨意和要求去处理事情和完成工作的，所以员工出现问题，未必一定是员工自己的责任，“子不教，父之过；教不严，师之惰”说的也正是这个道理。同时，不要总是看到对方的毛病，看不到自己的缺点，出现问题的时候要先从自己身上找原因，只有正视自身的问题，方能加以改正，达到更加完美的自我和人生。

3. 责人不如责己，宽己不如宽人

责怪别人的时候不如先责怪自己，宽恕自己的时候不如先宽恕别人。每个人在工作中都难免会出现这样那样的问题，作为领导者理应先从自身找原因，为员工树立榜样，起到表率的作用，榜样的力量是巨大的，只有自己先做得好做得对，员工才会以你为参照，不断完善自己；同时，面对犯错的员工要尽量给予宽容和理解，宽容的力量足以让一个人信心满满，充满无限的希望和斗志，所以在轻易饶恕自己之前别忘记先宽容你的员工，给他一份重拾自信的勇气和力量。

第十一章 角色7 艺术家——优秀企业组织的缔造者

管理艺术——搭好台子才能唱好戏

也许短则数月，也许长则数年，你终于从一个普通工作者的角色跳转成企业的管理层，此乃幸事，难免三朋四友道喜祝贺，你的内心也会收获一份难得的成就感和愉悦心情，但在这里我得给你泼泼凉水了——为人下属确实不易，但为人领导也未必见得就会多么轻松如意。因为从你的职业角色跳转的那一天起，你肩膀上的担子就更重了，该怎么办呢？

1. 要尽快了解并熟悉周围的工作环境

也许你会反驳："这就不必了吧，我可是从该机构的底层提拔上来的，我在这里摸爬滚打了些许时日，了解和熟悉就不必了吧？"我承认这种情况有很大的出现概率，但这种想法却是大错特错之举。你确实在这个企业摸爬滚打了数年，但你对这个企业、对周围环境的认识仅仅局限于自己作为普通工作人员的视角和体会。这就好比同样一条大街，你站在人行道上看，它是一个样子，你站在人行天桥上，它又是另一个模样了。所以，首先你只有对新岗位上的工作熟悉了，把事情做好了，才能赢得下属的信赖与支持。因为你位于新职位之后对于工作琐事的处理能力，是你作为一个领导的基本职责的体现，是检验自身能力的标尺，是凝聚人心的基础。

但是，具体该怎么去熟悉并适应新的环境呢？

首先，你要从资料、文件和部属的工作汇报中，了解新岗位的工作性质、工作内容和工作重点。

其次，要加强调查研究，在学习的基础上，进一步了解新岗位的工作状况、工作成绩，以及存在的问题和产生问题的原因。

再次，要找准工作重点，通过做事，顺藤摸瓜，从事情和问题的解决中更进一步地了解组织的工作现状。

最后，要慎提新思路，尤其是在情况还没有十分明确的情况下，要延续前任的思路，并结合自己的想法抓事，切忌另搞一套，标新立异。

如果以上几点你都做到了的话，那么，你现在可以开始第二阶段的工作了，那就是尽快完成自己的角色转变。因为你既然已经走马上任，你就应该从原职位中完全退出，尽快想一想：你的主要工作目标是什么？你想取得什么样的成就？你可能会遇到一些什么困难？

2. 在着手新的工作时，要先和上级领导与昔日同事尽早建立工作关系

要找个机会，分别与上司、同事和所有的下属见个面，了解他们的职责、想法，尽可能多地收集新的工作领域和员工的信息，做到胸中有数，因为只有“知彼知己”方能“百战不殆”。更重要的一点是，上任之初的一两个月内，你要反复地研究琢磨自己的工作计划，对任何事情多一番思考会少一些闪失。毕竟上任之初，你是要努力为上司和下属留下一个好印象和好口碑的，但凡有可能出现闪失的工作环节，都要多加考虑和揣摩。如果这一点上你觉得经验欠缺，完全可以找一些长辈或者干过类似工作的同事去讨教。常言道，“三人行，必有我师焉，择气善者而从之，其不善者而改之”，只要你态度真挚诚恳，那么肯定会讨到许多好的为人处世之方的。

3. 对于工作范畴内的任何变革都不能操之过急

你可以有自己的想法或者初步计划，但不要急于将它推行实施，在你确定了自己的这种初步想法和计划之后，你可以开始做这样的推断，即把自己设想成你目前的上司，试想一下你的这个计划和想法在他那里会产生怎样的连带效应。另外，你还要把自己设想成你的下属，同理推断，你的变革会在下属那里产生什么样的效应，你的计划会为这个团队里的每个人造成什么样的影响，诸如此类的问题，都要设身处地地想清楚。

虽然说新官上任三把火，尤其是初次当上中层领导的年轻人，很多人上任伊始便忍不住四处点火，但其实，火不在大也不在于你点得急点得多。只要是把好火，把握好时机再点也不迟，所以还是三思为上。

4. 务必以身作则，取信于下属

虽然你现在的职位变了，但你对于整个机构或者企业来说还依旧只是一名员工，所以不能忘本，要记得自己作为普通员工时对于企业领导和高管，以及工作环境和福利待遇有着什么样的渴求，这样才能更好地帮助你制订对员工来说有切实利益的工作计划。也只有这样，才能使你在员工中立住脚，然后你才能顺利地开展一切需要员工极力协作的工作计划。

在这个过程中有几点需要切记：一要清正廉洁；二要公道正派；三要以身作则。如果在这几点下你能做到“言必行，行必果”，那么你一点儿也不用担心会不会得到员工的信任。

5. 只有尊重别人，才会赢得对方的尊重

虽然你坐上了领导的位子，想得到下属的尊重是很自然的，然而尊重是相互的。领导与下属在工作上虽然有明确的上下级关系，但并不意味着在日常相处中你就可以高人一等，压人一头。你要赢得下属发自内心的尊

重，就首先必须尊重每一个下属。不但这样，你还得做出一定业绩来让下属诚服，因为只有下属对你足够信任、尊重并诚服，他们才会心甘情愿地为你效汗马之劳。

尊重的前提是做好沟通。常言道："智者千虑，必有一失。"作为老板虽然掌控全盘，但也会有工作决策等出现失误的时候，这时候你万不可以工作为由而心直口快地指出老板的不足，这样会让他觉得很没有面子，同时会觉得你的存在对他造成了一定的威胁性。但问题总是要解决的，遇到这样的情况，先保持沉默，想想还有什么办法能更好地去解决这件事情。

上述这些基本就是一个领导开局的几项大事，只有做足做好，才能早日成为优秀企业组织的缔造者。

用人艺术——知道在何时合理剪裁

很多领导上任伊始，为了在下属和上司面前树立一个好的形象，会在自己管辖范围内做一些调整改造，或者颁布一些新的命令与制度。这一点，无论于公于私，都能理解。但是，如果把裁减员工这种人事上的变换当成三把火里的任何一把来烧一烧的话，我倒是很不赞成这样的做法。

有些人可能要疑惑地问——在用人上"取其精华，弃其糟粕"，有什么不好？这里，我想与大家分享一个我在课堂上讲过的小故事：

很早以前，有一个富翁，他掏钱买了一个风景区附近的大院落，想要在这里安度晚年。这所大院子是之前一个主人闲置几年后转手卖给这个富翁的，因此，在这个富翁接手这所院落的时候，偌大的院落里可谓杂草丛生。

富翁自然是不能接受这样的环境，于是二话不说，吩咐佣人将院内的杂草除尽，修了走廊过道，又在院子里建了花坛，种了很多珍贵的花木。

第二年的春天，原本杂草丛生的院落里一派欣欣向荣的景象。这时候，它的前主人偶尔路过，进来小聚，富翁也很是热情，像招待老朋友一样地招待了院子的前主人。闲聊间，前主人望着花团锦簇的园子，无意间问了句："那株名贵的牡丹怎么不见了？"

富翁这才惊愕，原来，秋天的时候他初买了这所院落，几乎所有的植物都呈现出枯败的景象，他把那株名贵的牡丹当成杂草让管家铲掉了。这成了一个遗憾。

不久后，富翁又看上了一处地理环境更好的院落，也是别人遗留下来的。富翁掏巨资买了下来，同样是在秋天。这一次，他没有像上次那样轻率地吩咐下人将院子里的杂草除尽，而是耐心地等到第二年春天，当他能清晰地辨别哪些是草、哪些是花木的时候，这才叫来下人，对满园子丛生的植物做了修剪和护理，当然这样做，留下了那些很名贵的花木。

这个故事告诉我们，"路遥知马力，日久见人心"。没有长时间的观察和考核，即便是千里马，也有可能会被人误认为是骡子。

我的一个老朋友是一个优秀的老教师，在学生的教育和管理上很有独到见解。前年，他退休后被一家私立学校聘去做校长。朋友上任之前，学校的领导就和全校师生打了招呼，告诉他们，新来的校长是个很严厉的老教师，他来之后要推行他以前坚持的分班分教的政策，也就是把教师和学生分为好、中、差三个级别，各自分班教育，这样可以因人而异地调整教材及教学中心。

学校里的师生听到这个消息后都很兴奋，当然，他们也紧张，尤其是学校里那些调皮的学生，心想不知道这个校长来了后会不会对自己发威呢。

朋友上任三个月，每天除了上学时在门口接接学生，放学的时候再送送他们之外，平时副校长和教导主任可以主持的大小会议，也都放手让他们去负责，而自己终日除了安排一些例行的事务，其余时间便是待在自己的办公室里看看书报，研究一些时兴的教育方式和理念。

这样时日一长，学生不怕了，尤其是那些“坏分子”，他们觉得新校长比起前任校长显得更为腼腆内向，一点儿也不威风，他们不但不怕，反而更为猖獗了。还有极少数不太负责的教师，见新校长终日无所事事，也不再那么装模作样地刻意表现自己，而是恢复了吊儿郎当的本相。

可令大家没有想到的是，第四个月开始的时候，新校长突然像变了个人似的，在一次对全校师生的考核评估之后，校长断然执行了自己的主张，分班分教，学生按成绩好坏分去不同的班级，教师也按优差调配开来，薪水按业绩执行。

这时候，大家都傻眼了，他们没想到看上去腼腆内向的校长会突然改变行事风格，下手之快，让他们不敢想象。

后来在一次会议上，校长的一番肺腑之言道出了自己的心声。他对在座的师生说道：“我希望大家能理解我这样的做法，这是我坚持了很多年的教育理念，只为了培养出更好的学生和更优秀的老师，这绝不是你们所说的‘看人下菜碟’之类的决定。而我之所以在到来之后三个月才做出这样的决定，是因为我初到这个学校，这里的一切对我来说都是陌生的，你们的优点和缺点不可能一下子都表现给我看。如果说学校是所大房子，那么你们就是这房子里的植物，现在我看清楚了你们的优缺点和属性，我希望在我的调整管理下，你们都能成为最优秀的人。

1. 领导用人不应只看表象

可见，一个员工的价值高低绝不能凭我们管理者一时的观察或是只看表面的现象。要真正地了解一个人，需要长时间的、持续的观察。只有通过细致彻底的观察，才能正确评估出一个人的价值并给他安排好合适的工作。

2. 将需要的留下来、不用的剪掉

我们叹服于花匠的勤恳，叹服于园艺师的聪慧，在他们的设计管理下，总是能呈现给我们很多美丽的景色，然而，这一切都不是一时一刻就能为之的，我们之所以能看到美丽的花、绝美的园艺，是因为园艺师和花匠们长时间的努力，是他们辛勤付出后的结果，而他们也只是遵循了一个很简单的道理，那就是——在自己的观察认定后，将需要的留下来，不用的剪掉。

用人之道就好比园艺师，重要的不在于你栽了些什么，而在于你剪掉了些什么。

激励艺术——激活员工最大的潜力

提起激励，不得不先聊一聊项羽。《史记》中记载："汉楚相争之初，项羽领兵40余万，4倍于刘邦，曾经政由己出，号令天下，威震一时。然时，由于他贤愚十分，奖罚不明，于人之功无所记，于人之罪无所忘，战胜而不得其奖，拔城而不得其封，所以陈平、韩信等部下都择良木而栖，择贤主而事，相继离开了他。"这位曾经"力拔山兮气盖世"的大王，最终不免上演了一场"别姬"的悲剧。而这一切全是因为项羽不谙激励之道和用人之术所造成的。所以说，一个企业，若想长久发展，日渐兴盛，那么除了领导层的正确决策和管理外，采取提高员工士气与斗志的激励之术也相当重要。

美国管理学家惠特曼和彼得斯通过对全美历史最长、业绩最好的多家大公司的调查研究发现，它们之所以能保持经久不衰，秘密就是“把员工当作重要的资产”来经营。在企业经营的过程中，他们一直在营造更利于吸引、留住人才的环境和氛围，立志于满足员工受尊敬的需要和自我实现的需要。

你也许会觉得可笑，这是真的吗？历史长、业绩好的公司也愁没有人才吗？回答是肯定的，像女人永远缺一件衣服一样，任何企业永远都缺少精英人才。

据一份科学调查显示，逐年走高的员工流动率已经成为困扰企业发展的最大问题，这已经使得很多企业不得不花费大量的时间、金钱在员工的重复招聘上。人才流失所带来的损失，已经成为企业失败的原因之一。虽然很多企业领导已经意识到是企业的激励机制出了问题，他们也试图通过提高福利报酬来达到降低员工流动率的目的，但效果依旧有限。如何对员工进行有效激励，从而使得员工快乐而长久地为企业工作，成为困扰整个业界的共同难题。

那么，该怎样去激励员工呢？

1. 营造愉快的工作氛围

试想一下，一个员工长年在同一所公司同一个职位干同样的事情，时间久了难免有疲乏倦怠之情，而往往也正是这样的员工，最容易受到领导的冷落和批评。为什么？因为他们干的时间久，干的活多，所以出差错的概率也高，而且因为对公司太过熟悉，在领导眼里的形象也早已定性，一些浮于言表的“面子”工程也可以不去做了，所以便总是会被领导批评责骂。那如果换了这些员工是你的话，你肯定也会做出一个和他们几乎一模一样的决定，那就是拍屁股走人，换一家新的公司，去寻找新的机遇。

然而，对于一个公司来说，流失一个元老级的员工可以说是一笔很大的损失，因为即便他业绩不怎么出众，至少他对这个公司了如指掌，要说感情，多少也是有的。所以，这样的员工能留则留，作为领导在这时候如果能很好地运用激励之术，我相信这个员工一定会发挥出超常的工作能力和潜能。因为人的潜能是巨大的，不要轻视任何一个在你眼里看来只是一个普通人的人。科学研究发现，人们表现出来的现实能力仅占其能力的30%，还有70%的潜能未发挥出来，而领导者的重要任务之一就是充分开发员工的潜能，这也就是激励。尽一切努力去激发员工的积极性，胜过你办无数场招聘会。

那么，究竟要如何去开发员工的潜能呢？该如何运用激励之术去激发员工的积极性呢？这就是个因人而异的问题了，同一个人，以同样的语速，对不同的人说同样的话，产生的影响可能是不同的。而同样的激励方法体现在不同人的身上，效果也是不同的。所以，首先一点，你要搞清楚你的下属心里在想些什么，他们有着怎么样的品性，这样才能促使你有优秀的创意去完成这件貌似简单却极其复杂的事情。直白点说，你至少要做到两点：一是不要过分批评、指责和抱怨下属；二是要表现出真诚的赞扬和激励。

2. 赏罚分明

激励可以分为正、负两个方面，也就是我们常说的奖罚分明。对优秀员工一定要激励，从而提升他们的工作积极性，不断为企业创造出更多的价值；对于有错误、有失误，给企业造成损失和不利影响的员工，也要坚决地实施“负激励”，从而保证整个员工队伍的责任感。

肯定与赞美是最强有力的激励方式，而且不花钱。简单地拍拍人家的背，表现出自己的友善，自己也不会有什么损失，同时还能让接受者受益无穷。最近的一项研究结果表明，称赞别人所产生的激励效果与用金钱激励的效果不相上下。

当然，对于那些苦大功高的员工，如果你仅仅去拍拍他的背表示肯定和友善的话，那多少是有些不妥的，往往这种时候，金钱和物质的激励就显得必不可少，如《亮剑》里的泥腿子团长李云龙，他就很直白明了。练兵，一伙人围着个竹筐丢手榴弹，李云龙一嗓子吼道，都给老子好好练，练好了有肉吃。而那是一个连粮食都紧缺的年代，李云龙却舍得宰了猪去犒劳自己的功臣，这也是舍与得之间的艺术所在。

总而言之，激励的艺术花样百种，只要你肯钻研，方式会无穷无尽。在这里寥寥数语，我只能总结出必不可少的一句，那就是——激励是一门领导艺术，而且是必不可少的领导艺术。激励会给员工以信心，信心则能使人增强工作中的行动力，而行动力是达成目标最快速的方法。所以说，领导者一定要认真学一学激励这门艺术。

导演艺术——演出是演给别人看的

说起导演，大家都不陌生，冯小刚、张艺谋等都是国内不错的导演，他们均用自己的努力和智慧为大家奉献了许多艺术作品，很多人会陶醉于他们塑造的角色和场景里，他们的作品场景效果真实动人。

其实，作为领导，你必须修习很多功课，这才能让你在官场江湖中永远游刃有余。导演艺术也是你必须学习的一门领导艺术。

众所周知，赵云是为刘备屡立战功的大将，刘备爱赵云是“真爱”，他非常明白，可赵云天下就只有一个。打天下可以没有阿斗，却不可没有赵云这样的忠臣良将。要恢复汉室，要实现政治理想，爱才是第一位的选择。

这些，对于一个普通人而言，可能有些牵强，但发生在刘备身上，似乎也不难理解。毕竟他是一个军事家，一个谋略家，一个想要打天下的人，总得牺牲一些小我，所以这事发生在刘备身上不离奇。

但刘备真的要摔死阿斗吗？我看未必，这只不过是一出导演给别人看的假象。

从体力上来说，刘备身为一军之师，真想要摔死一个孩子，那可谓轻松之至。书中记载：刘备当时双手过膝，将阿斗掷于地上，凭其之力，这孩子倘若刘备真的想摔，估计他落地的时候早已经肝脑涂地，但阿斗并没有死，否则赵云从地上抱起来的就只能是一具尸首了，但他抱回来的是一个活生生的孩子。

再则，常言说，“虎毒不食子”，阿斗再怎么说也是刘备的亲生骨肉，刘备再怎么狠心，也不至于要扼杀亲儿。但他为什么还是把孩子摔了，恰巧就没摔死？这就是戏！刘备自编自导自演的戏，孩子只是个道具，是摔给大家看的。刘备要的只是一种凝聚力的产生，一种信服，而并非要亲手摔死孩子。

一幕戏，把大伙都感动了，而作为道具的孩子却安然无恙。当然，我并不是要数落刘备差点儿把孩子摔死，只是这一摔，摔得可谓恰到好处，天衣无缝。

试想这一事情之后，赵云对刘备自不必说，定是忠诚到底，而其他人自是十分称赞刘备的大义灭亲，而刘备要的就是这一凝聚力的产生。

常言说，人心齐，泰山移。举国上下都信服刘备了，江山就没有打不下来的。

1. 导戏也是领导艺术

话说官场如江湖，其实也是一个大舞台，台子搭好了，适当的时候，还是得演些戏给大伙看的。这不是弄虚作假，这只是一种领导艺术的展现。

当然，设计和谋略也不能少，你不能完全自编自演，你得有配角，你

得有赵云，还得有阿斗，你得把阿斗摔了，你得把赵云感动了，你还得保证阿斗是活着的，因为你并没有真的想要摔死他。如果这些条件和功力，你都不具备，你还是修习一阵再说。毕竟一出戏里，如果没有配角，只是你自己自编自演，那只能是独角戏了，这是小丑最爱干的事情。

2. 准备妥当再开演

瞅好机会，准备妥当了再开演也不迟。不要急着去露馅，那只能给自己难堪，尤其是在一个特殊的处境下，很多话你说出来别人不一定信，比如你告诉你的下属你很信任他们，你告诉你的上司你很敬佩他，这些都远不如你演一场无声的戏剧去给他们看。因为很多时候，比起耳朵，人们更愿意相信自己的眼睛。

变脸艺术——黑脸白脸你都能学得会

变脸艺术是川剧艺术中塑造人物的一种特技，是老祖宗留下来的国粹经典，是揭示剧中人物思想感情的一种浪漫主义手法，但“变脸”这俩字用在生活里时，褒义的成分却少得可怜，为什么？因为一提到变脸，人们总是不由得联想到诸如阳奉阴违、心口不一等极富贬义成分的词语。

我有一个朋友，叫张凯，他是一家电器销售公司的销售总监，这人脾气坏，急性子，心情不好了谁都敢顶，谁都敢撞，谁都敢骂骂咧咧，但这人有一点好处，就是懂得刚柔并济。

其实这个张凯要细算起来，应该是我的同乡加同学了，所以我对他比较了解，他从学校刚毕业的时候简直就像一个炸药包，什么刚柔并济的话到他那儿，他只会回一句：“扯淡！不顺了就练。”他说的“练”就是动拳头、比武、硬拼。他大学毕业的时候我真是替他捏了把汗，不出我所料，第一次应聘就砸了人家办公桌，因为对方人事领导者问了一个在他听来很不顺耳的问题，他就急了。

这样的事据说发生了不下三五次，后来他学聪明了，倒是应聘到一份好工作，可是没干三个月就丢了，然后很长一段时间，我们同学见面一提起张凯，最常听到的一句话就是，他正在找工作呢。

波折的职场生涯给了张凯一些现实的经验和教训。两年后，张凯竟然转变了不少，工作有了，而且干到领导位置，偶尔去看他，还是一副粗枝大叶的爷们儿样，但我从他的粗里看到了细，至此我才明白，张凯是真成熟了，真聪明了。

记得有一次我去张凯公司为新招聘的业务员上培训课，我去得比较早，没事就先待在张凯的办公室里喝茶。这时候一个员工不知道拿着一些什么票据进来找张凯签字报销，其间两个人好像说起什么业务上的事，张凯发了脾气，大意是嫌这个业务员不给力。员工很年轻，见我在一边坐着，显得很尴尬，为了不让年轻的员工尴尬，我悄悄退出办公室佯装去卫生间，本以为员工承受不起，肯定觉得非常伤自尊心，却没想到我从卫生间出来时在楼道上看到他吹着口哨，一副根本什么事情都没有发生的模样。我觉得好奇，跟他打了招呼："被张凯吼了一通，伤心了吧?"员工笑笑说："没有呀，张总人很好，就是脾气坏点儿，不过他对我们是真好，家里大小有点儿事，都是张总出面张罗着。他虽然也骂人，但更多的时候显得特别亲切，像大哥一样让人觉得踏实，我早就被他骂习惯了，没事的。"

从员工的表情和眼神里，我看得出他没有说谎，回去问了张凯才明白，他是真聪明了，平日办公室里总是冷着一张脸，稍有不如意便拍桌子上脸，员工没一个不怕他的，他吩咐的活个个麻利儿地完成，为什么？因为张凯知道在上班的时候，他是他们的公司领导，严厉是必需的。他还明

白了一个道理就是，别人服你信你顺从你，这都是换回来的，员工之所以被张凯骂了还心情超好，那是因为张凯在私底下，已经像一个温和的大哥走进了他们的生活。这便是变脸的学问！

1. 正确理解变脸

当然，在这里，我也并不是刻意地要你去学习这些不入流的东西，譬如瞒上欺下、看人下菜碟之类的招数，但我之所以要提起官场之上的变脸艺术，是希望你能灵活运用这一生活技巧，从细微处对自己的仕途生涯总结出一番心得。

所谓变脸，我们最直白的理解是，高兴时扬扬自得、目空一切，失意时火冒三丈、暴跳如雷，在这里切记，此乃官场一大忌。

尤其是领导，试想一下，对于老板而言，你连自己最基本的情绪都不能控制，那么，你能控制得了什么？你连自己的状态都不能很好地调整，老板怎么会放心把其他更重要的事情交给你去完成呢？而对于下属来说，同样很直白的解释是，虽然大家在祝福的时候都会这样跟对方说，祝福你，希望你一切都比我好，但其实说白了，看到各方面都比自己好的人，心里还是感觉酸酸的。再试想一下，你升职了，你加薪了，你被老板表扬了，你获得嘉奖了，是好事，下属们见面难免会祝贺你几句，这时切不可扬扬自得，更不要向别人吹嘘。而是要控制自己的情绪，顾忌他人的感受。

2. 春风如意的时候更要注意影响，更要低调行事

只有这样，你才能使自己这根“刺”更弱小一些，因为毕竟某一日，你在大家心里扎下的这根刺都要拔出来还给你的。譬如在你失意的时候，几乎不用我提醒你也明白——关切背后，你还会看到很多东西，如嘲讽、

讥笑、幸灾乐祸，这就是大家还你的那根刺。所以你当时扎的那根刺越小，现在你收到的就越小，内心的刺痛也就会越少。这时候，你如果还是管理不好自己的情绪，低落颓废或者火冒三丈，只会让别人看笑话，也只会增加他们内心幸灾乐祸的快感，甚至还有人会定义你此举为没有素质、没有教养的表现。

这样看来职场似乎没有一丁点儿人情味。确切地说，有，但是前提是你们之间没有任何利益冲突，因此，话丑理不丑，此为变脸的最初级阶段——首先是要学会调整自己的状态，宠辱不惊才能成大事。

协调艺术——不同类型下属要“对症下药”

常言说得好，锅碗瓢盆在一起都会起碰磕，兄弟姐妹在一起也会有误会，而同一个企业的员工，即便文化素质再高也难免会有误会产生，因为毕竟人各有异，不同的人生观与价值观，不同的成长环境与处世方式，难免会使长期处于同一办公室的人员产生一些误会和分歧。那么这个时候，作为领导，要不要进行干涉，协调化解当事双方的矛盾呢？

这是一个看上去貌似简单其实却复杂的问题，说它简单，是因为一般情况下，上司面对下属之间的不同矛盾，自己该不该插手，凭借经验，每位上司都会有一个比较明确的主观判断；说它复杂，是指下属之间的矛盾多种多样，要真正处理好下属之间的矛盾，上司需要深入、细致地思考，慎重选择处理方式，否则很可能会产生不良后果。

一般而言，上司面对下属之间的矛盾，应当像医生诊断病性一样，到底采取什么手段，应视“病情”而定。如果下属之间的矛盾只是皮下瘀血，上司便没有必要介入，可以让其自行消解；如果下属之间的矛盾如肌体生疮，上司就要及时点破，然后让他们各自去清洗疗治；如果下属之间

的矛盾到了不能自治的地步，上司就要正面介入，或动手术，或开药方，不但诊治，还要复查，直至痊愈。

当然，上司“诊病疗伤”的过程，还需讲究艺术。是重视，还是轻视？是冷冻，还是热敷？是迂回婉转，还是直截了当？矛盾的情况不同，所处的环境不同，文化氛围不同，当事人的年龄、性格和生活背景不同，都应当区别对待。

在这里，要提醒大家注意的是，不管你是采取什么样的方式方法、什么样的态度去对待矛盾中的下属，有一点是值得注意的，那就是你一定要真诚。因为真诚是最基本的处世原则。

如果你足够真诚，能做到设身处地地为下属考虑，你才能协调下属间的矛盾。而前面提到的，虽然目的和态度是共同的，但是事情的发展或者说结果却有可能因人而异，那么，对待不同性格的人该怎么去劝说或者说服他呢？

1. 对心眼儿小的员工不要轻易表态

首先一点，对于心眼小、喜欢唠叨的下属不要轻易表态，不要跟他讲“你是对的，那个跟你干仗的×××不地道，我得好好收拾他一下”。作为有水准的领导是不可能讨好一个得罪另一个的，你自然是不会批评×××，但你已经给这个爱唠叨的人许了这个承诺，而你若不实现，他不但不会记你的好，还会反复地唠叨这件事情，会让大家觉得你这人说话不算数。当然，即便是他错了，你也不能直截了当地告诉他，这件事你做得不对，然后再帮他苦口婆心地分析。这样的人一般都心眼儿小、心事多，俗话说也就是琐碎，这种人很少会承认自己的不是，而是会把事件一遍一遍地陈述，他期望在陈述里寻找到别人对他的认可，他们心里会想：好，你说我不对了，我怎么不对了？巧妙的做法是先去表扬他，肯定他，然后帮他分析这件事的利弊，以及在人群中对他造成的不良后果，这样即便你不去明确批评他，他也会见好就收的。

2. 对急性子的员工要耐心劝说

对急性子、喜欢争强好胜的下属，在劝说中要尽量依顺他。这种人大多狂傲自负，自我表现欲望极高，他们总认为自己的想法和做法都是对的，因为他们觉得他们的出发点是好的，因此过程和结局就必然是美好的。但是这种人有顽固的思维逻辑，很少有人能使他们改变。而工作中，这种人即使和同事出现矛盾，也不会承认错在自己，他们会认为："我这么做完全是从工作出发，我如此热情积极，你怎么可以说我错了呢?"所以同样地要去肯定他、表扬他，因为对于一个领导者而言，积极热情的下属自然要好过没有责任心的下属，所以说，依顺他，承认他是对的。这有两种情况，一是他真对了，却遭到别人的非议；二是他虽然觉得他是对的，但他的做法确实引发了很不好的结果。那么，这两种情况是要区别对待的，如果他真对了，你依顺他是必然的；但对另一方也不能过于指责，而是要动之以情、晓之以理地去说服。倘若是第二种情况，那么，你还是要依顺他，但你要拿出失败的结果让他亲眼看到，之后再语重心长地告诉他，他的努力和热情你都看到了，但是做事要讲究方式方法，虽然他的出发点是好的，但依旧做错了事情，如此种种。最后让事实说话，他自然会认识到自己的缺点。

3. 对自尊心强的员工要多加理解

对自尊心强又内向的员工要多理解。有的下属自尊心特强，性格敏感，多虑，这样的人特别在乎别人对他的评价，尤其是领导的评价。有时候哪怕是领导的一句玩笑，都会让他觉得领导对他不满意了，因而会导致焦虑，忧心忡忡，情绪低落，而这样难免会影响到工作。遇到这样的下属，应该要多给予理解，要劝，要谈，而且要反复地劝，反复地谈，让他

把内心的不满与委屈都说出来，然后帮他一起去分析。另外自己不要做决断，分析到某一点上，是与否，也不要急着说出来，而是态度诚恳地去听他的意见。很多人在争吵的时候会理智全无，但是冷静下来后会对谁错谁对有个清晰的认识。尤其是这样的员工，他们心思缜密，自然是能转得过这个弯的。所以，作为领导，即使是这种员工长时间不能接受、不能理解，也不要埋怨他心眼儿小，你要多帮助他。在帮助的过程中，多听听他的意见，而你的意见多了，他会觉得其实还是他不对。

常言道，林子大了什么鸟儿都有，但从人的大致性格来分，一般也无非上述主要几种。另外，上面讲述的也都是简单的方法，只要你有足够的热情和耐心，许多事情总会在你的智慧和努力中解决。

行为艺术——以身作则当榜样力量

作为一个领导，无外乎这么几种情况：一种是你是从部门里提拔上来的，你的同事成了你的下属；一种是你是公司新聘来的，对公司的情况知之甚少；还有一种可能就是，你是被老板刷下来的负面代表，当然这种情况会比较少，毕竟人能高不能低，但凡有这种情况，当事人基本会选择辞职一了百了，但也不能说这种情况就完全没有。

我有一个学生，叫王虹，他是一个面相看上去很张扬很精明甚至说有些刁钻的人，做企划出身，业务能力特别强。去年秋天，他被一家大公司挖去做部门领导，初入公司的时候，大家一看一毛头小子，而且他那长相也总是让人不由得对他有所提防，因此，手下十几人是一边提防着他一边敌对着他，反正就是你吩咐的活我接了，不是电脑有问题，就是软件故障，总之就是完成不了，你又不能把责任全推到员工身上。

王虹虽说年轻张扬，但他做事还是比较沉稳的，他定了一条计谋——好，我不能领导你们，那么你们领导我。办公室卫生没人打扫，我扫；擦桌子抹板凳，你们嫌脏嫌累我来；发下去的企划案没人整理，我整；电脑坏了没人修，我修；出图出片没人出，我出！总之那些天，王虹事无巨细，别人明着暗着不愿意干的，王虹都一把揽了去。但毕竟人的精力与能力有限，王虹为此加了几个月班，熬了一百多个夜，这样，才使得企划部的工作没有停顿下来，而且做出了很好的业绩。

季度表彰大会上，总裁对企划部做出了很高的评价和认可，王虹谦卑地表示，有这样的成绩还得多谢大家的努力和协作，总裁听到很是高兴，发了不少奖金下来。回到办公室，王虹也依旧神色不改，而且静静地坐在办公桌前，按人头把那笔钱分发到下属手上。

这时候，起初与王虹形成敌对势力的下属们开始有些不好意思了，王虹叫他们来领奖金，一个个稳如泰山地坐在桌前，没人动身过去，王虹便笑吟吟地把奖金用信封装好，一个一个地分发到下属手里。做这一切的时候，王虹始终保持平时那般不喜不忧的表情，而下属们倒是一个个显得极为不好意思。事情的发展可想而知，从那以后，下属们开始渐渐地接近王虹，接手的任务也一个个认真地去完成。因为王虹坚信的一个道理就是，没有捂不热的石头。

试想一下，如果当初大家敌对王虹的时候，王虹二话不说把活儿全包了，也出色地干完了，事后却去总裁那里打小报告，说员工都不听我调遣，这些活儿都是我一个人完成的，如此等等，那么事情的结果会怎样呢？

自认聪明的人也许会这样去理解——我不明着告诉老板，但我会制造机会让他发现这一切都是我一个人干的，因为下属不配合，这样做的话，老板不仅会觉得我能力很高，而且还会对下属有成见。如果你这么想，那

就大错特错了，作为一个老板级人物，对于下属的领导来说，最看中的是这个人能帮他把这个部门领导好，能让它顺利地运转，而非这个人能一个人把这个部门的事都干了。

所以说，当你在工作中遇到这样的阻力时，最好能学学王虹，以身作则，任务你们不做，我来做，不耽误事情，但我也不领功，我一个人出力了，大家一起来分享，你们还好意思敌对我，或者提防我吗？

那么，我们现在来分析一下这三种情况所滋生的领导所有可能受到的人情“待遇”会是什么。

1. 从部门里提拔上来的

放心，至少保持三个月，你办公室里定会积聚浓郁的醋味般的语言，比如：凭什么呀？凭什么提拔的是你而不是他（她）？别人比你差吗？似乎也没差到哪里去呀！总之，大家无论表面上再怎么祝贺你、恭喜你，背地里不服气的情况是暂时挥之不去的。

2. 从人才市场或者别的渠道新近聘任来的

对于新的公司，你知之甚少，也可能你还很年轻，而你将要面对的是一群元老级的员工或者甚至比你年龄更长一些的小长辈。新人，尤其是一来就当了领导的，你再怎么夹着尾巴做人，别人也会横竖看你不顺眼，你以为会有几个人服你？背后只给你穿小鞋已经是优待你了，你别以为没人敢栽赃陷害，当面顶撞什么的。

3. 被刷下来的负面教材

这个就更不必说了，如果你以前当上上司的时候还比较温柔收敛的话，你的日子可能还会好过些，但如果你当时曾经为虎作伥，那你就只能等着接受员工们用秋风扫落叶的方式来欢迎你了。

为什么要分析这三种情况？因为这三种情况里都隐藏着一个后患，那就是员工因为不信你、不服你而不听从你的领导，这样你分派下去的任务便很难得以顺利地完成。怎么办？发威？怒吼？下死命令？这不是一个领导应做的事情，再者说，法大都不治众，万一反映到老板那里，你势单力薄，对方人多口杂，这样你也只有吃亏的份而没有占便宜的可能。相反，弄得不好，上司还会对你留下坏印象，认为你领导无方，刚刚上任就和下属不和，这样的人怎么能去领导好一个团队呢？

不要说官大一级压死人，你时刻要记住——水能载舟，亦能覆舟，因此，要慎之又慎。

那么，究竟该如何面对这些情况呢？

聪明的做法是把自己低下去，像张爱玲小说里写的那样——把自己低到尘埃里去。其意义在于，充分的低姿态，对自己在很多时候真的是一种很好的保护。适应和自我保护是管理者在企业中首先要做到的。

相处艺术——和谐友善是领导品质

大到一家公司，小到一个作坊，能否正常运营，从而衍生最好的绩效，这与它有没有一个好领导有很大的直接关系。很多人潜意识里基本一致认为，下属难做，因为得任人调遣指挥，动不动还得被埋怨指责。但其实真正难做的是领导者。

道理不难明了，老总作为主帅，他基本只负责一些决策性的事，而真正干起事情，却要管理层的领导去领着一班人马摸爬滚打、冲锋陷阵，你见过几个将领带着一班与自己不同心的士兵打过胜仗？很多军事家都清楚，许多胜仗不是用人也不是用作战技巧打赢的，而是靠主将的凝聚力打赢的。

《亮剑》里骑兵团被围截，拼得只剩下一个人了，还一边喊着“冲啊”一边举着刺刀进攻。在这里不是这个兵真英雄，而是李云龙的凝聚力在起作用。

试想一下，作为一个领导，你平时与下属连和谐融洽的相处都没有，那么，当真正遇到点儿风起浪涌，还有谁会为你刺杀卖命？所以说，与下属相处也是领导不得不潜心研习的一门艺术。

而怎么样的领导方式才能带出一班死心塌地的精兵强将呢？星云大师所著的《宽心》或许能给我们一些启示。书中云：

1. 以关心代替干涉

关心下属是爱护的表现，但有些领导者因为阅历丰富，以自己的经验过度干预下属工作，弄得双方都不开心，彼此都会觉得疲倦劳累，而事情却也往往很难如愿。因此，领导者不如扮演顾问、协助者之类的角色，适度地给予原则性的督导，以关心代替干涉，让下属有自由发展的空间，这样更有利于员工发挥个人的特质与优点。

2. 以服务代替要求

任何一个企业的领导者，他们所承担的角色任务无非统筹、决策、提供服务。但我见过有些领导者能力大，脾气也大，工作超时，要求苛刻，以致下属不胜负荷。一个团体靠少数独揽全局的领导者可能会成功，但也要有良好的管理团队才能长久良性地发展经营下去。因此，要求别人不一定能够管用，要求太高太多而做不到，反而会影响士气。这种情况下，领导不如以服务代替要求，可能更容易发挥下属的潜能。

3. 以合作代替命令

所谓管理，不一定就是高高在上、发号施令，命令太多，员工会觉得累、觉得疲乏而因此变得不情愿不接受。佛教讲菩萨随应众生之机缘而示现，和光同尘，与一切众生共事，共得利益，由此因缘，菩萨得以摄受众生，众生亦因之依从菩萨，信受教法，而得人于涅槃之境。在这里，我不是要教你什么宗教信仰，而是要告诉你，遇到这种情况，你不妨跟员工合作，与他们共事，步调一致，以协调、讨论来代替命令，让大家彼此沟通了解，发挥集体努力、同体共生的精神，才是最上乘的管理方式。

4. 以勉励代替责怪

身为领导者，有时固然恨铁不成钢，但也要考虑每个人不同的根性与因缘。经验不足，难免会有错误和过失，与其计较、抱怨、责怪，不如切实地去了解他的困难与不足。禅门里，禅师以慈悲爱心感动恶习不改的惯偷，以不说破的方式感化顽劣的沙弥。因此，为对方留一些颜面与余地，给予适当的指导与勉励，相信下属必定会心悦诚服，用心改进。

5. 说义不宜深而要明

有时候，上面的人对下属讲话，讲太深的道理，讲得过于高调，下属听不进去，无法理解接受，等于没有用。因此，最要紧的是讲清楚，你讲明白，他就容易执行了。

而且要注意的一点是，下令不宜繁而要简。言语是人与人之间的沟通桥梁，对你的下属要传达命令时，固然不可以朝令夕改，但也不宜太过烦琐，事繁易生烦。你要把握原则，简明扼要地下命令，这样让你的下属很容易有所遵循，很容易能建立起共识。

6. 教人不宜严而要慈

诸葛亮说："善将者，其刚不可折，其柔不可卷，故以弱制强、以柔制刚。纯柔纯弱，其势必削存，纯刚纯强，其势必亡。不柔不刚，合道之

常。”教导你的下属时不要过于苛严，你要有慈悲心，给他方便，让他容易实践。讲话不伤他，做事不苛求他，他必定欢颜纳受。现在有很多长官刁难下属，讲话刻薄，这都是不明智的。让下属有发挥的空间，心甘情愿，彼此才易合作。

7. 待人不宜苛而要宽

领导如果很宽容，下属必定对你服从，并且拥戴你。如果你太过苛刻，常常为难他，找他麻烦，增加他的困扰，增加他的工作分量，延长他的工作时间，有太多的要求，他不一定服你，甚至就给你怠工、开小差，这反而划不来。若不体恤下属，人心难以凝聚，迟早会失败。

要做一个优秀的管理者，既辛苦又具挑战性，除了要能运筹帷幄，还要懂得心理咨询、沟通协调、人际关系等。而管理的最高秘诀，在于能够先管理好自己的心，将自己的心管理得“慈悲柔和、人我如一”，这样去和下属相处，必定能够获得认同。

总而言之，与下属融洽相处，协调好人际关系是领导者顺利展开工作的重要条件，但与下属之间建立良好的人际关系是一门科学，更是一门艺术，要用心去研究去学习，因为与人友好相处是人这一生中最重要的优秀品质，不是与生俱来的。一个人、一个领导者如若缺少同别人和谐相处的关系，那么，即使他拥有知识、智慧和财富，也会显得毫无意义。

附录

领导效率提升实用工具箱

表1　会议审核表

注意要点		审核栏
开会的目的	会议是否为实际需要	
	开会目的是否已经明确	
确定开会要点	开会的时机、时间是否妥当	
	开会的场所是否妥当	
	所邀的与会人员是否妥当	
会议通告事项	是否对与会人员确实通知妥当	
	会议的主旨、议题是否确实通告与会人员	
	是否事先通告与会人员应当事先就议题做好准备	
	是否通告与会人员事先备妥有关的资料	
会议准备方面	是否事先拟好议题顺序及时间分配	
	事前是否应当分发参考材料？是否已经做了应变的准备	
	是否安排好会议记录	
	是否必须用到幻灯机或录像机等机械设备	

表2　工作安排表

日期	时间	工作安排	工作地点	参与部门
周一				
周二				
周三				
周四				
周五				
注意事项				

表3 工作效率表

序号	发现的问题	工作时间安排	解决办法
1			
2			
3			
4			
5			
6			
7			
8			
9			
10			
11			
12			
13			
14			
15			
16			
17			
18			
19			
20			

表4 日事日清表

<table>
<tr><td colspan="8">姓名：　　部门：　　年　月　日</td></tr>
<tr><td>计划中的工作</td><td>月度计划</td><td>当日计划</td><td>完成情况</td><td>问题分析</td><td>解决措施</td><td>负责人</td><td>完成期限</td></tr>
<tr><td></td><td></td><td></td><td></td><td></td><td></td><td></td><td></td></tr>
<tr><td>临时工作</td><td>工作目标</td><td>当日计划</td><td>完成情况</td><td>问题分析</td><td>解决措施</td><td>负责人</td><td>完成期限</td></tr>
<tr><td></td><td></td><td></td><td></td><td></td><td></td><td></td><td></td></tr>
<tr><td>问题说明</td><td colspan="7"></td></tr>
<tr><td>明日重点</td><td colspan="7"></td></tr>
<tr><td>自我评价</td><td colspan="7">□A　□B　□C</td></tr>
<tr><td>复审意见</td><td colspan="7">签字：</td></tr>
</table>

表5 管理控制表

	控制要点	要点说明	问题备注	解决方案
5W	Why	目的		
	What	标准		
	Where	地点		
	Who	责任人		
	When	进度		
3H	How	方法		
	How much	数量		
	How much cost	成本		
1S	Safety	安全		

助力企业成长

中国财富出版社*
北京联大文化 联合出品

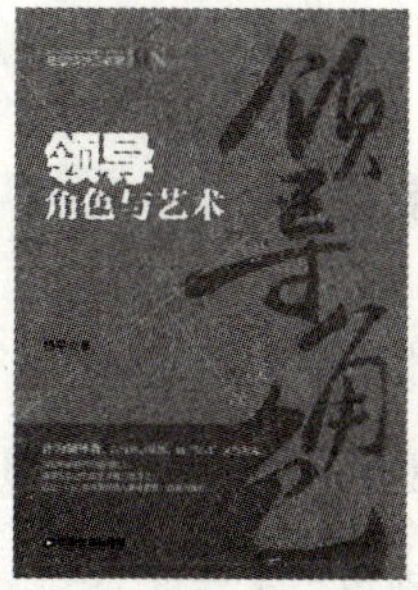

作　者：杨平　　**定　价：**35.00 元

出版社：中国财富出版社

《领导角色与艺术》内容简介

本书针对现实中领导者的角色"错位现象"，分析了领导者为什么要进行角色管理、如何成功实现领导角色的转变，以及如何成为一名成功的领导者等问题，并总结了领导者的七大角色，为领导者进行角色管理提供参考。通过阅读本书，相信广大领导者可以更好地认识自己，知道身为领导者应该做什么、怎么做，从而更好地扮演自己的领导角色。

作　者：吴群学　　**定　价：**35.00 元

出版社：中国财富出版社

《管理就这几招》（第二版）内容简介

本书第一版在持续两年的热销之后，作者吸取了很多专家的建议和企业一线的管理经验，隆重推出了第二版。全书在第一版角色管理、目标管理、团队管理和自我管理的主体框架不变的基础上，对部分管理经验和方法进行了补充和完善，使之更贴近企业实际，更顺应时代赋予管理的各项职能，简单实用。

作　者：吴东　　**定　价：**32.00 元

出版社：中国财富出版社

《九型人格与卓越销售力》内容简介

本书依据"九型人格"理论，将销售人员遇到的顾客分为九种不同的类型，通过探讨每种类型顾客各自的优势和弱势，分析他们在购买商品与谈判中的"心理弱点"。最终，教会销售人员如何牢牢抓住顾客的心理弱点、掌握他们的思维方式、学会与他们的对话技巧，以此提高销售技能，卖出更多的产品。

*注：中国物资出版社已于 2012 年 4 月 1 日起正式使用新社名"中国财富出版社"。

作　者： 高乃龙　　**定　价：** 32.00 元

出版社： 中国财富出版社

《夹缝中的利润：小微企业的生存赢利之道》

内容简介

和世界 500 强相比，中国企业是小微企业；和中国 500 强相比，中小企业是小微企业。我国的小微企业是解决就业问题的主要力量，但小微企业的发展却面临困难。本书是帮助小微企业突破自身困境的第一本实战书籍，书中结合企业案例现身说法，通过独到的分析、有效的定位和精准的策略，最终帮助小微企业实现可持续发展。

作　者： 高子馨　　**定　价：** 32.00 元

出版社： 中国财富出版社

《形象决定身价：职场人全方位获得成功的 6 个魔法》内容简介

你一定羡慕过那些商界、政界精英们翩翩的风度；你一定渴望着在别人面前表现得潇洒自如。个人形象是个人竞争的软实力，纵然你有很高的学历，纵然你经验丰富，如果没有良好的个人形象，你也很难取得成功。本书从什么是个人形象出发，通过生动形象的事例论述，专业权威的建议提示，帮助你一步步提升个人形象和气质。相信你能够在书中找到你尚未成功的原因，也能够找到通向成功的捷径。

作　者： 付述信　　**定　价：** 32.00 元

出版社： 中国财富出版社

《职业化团队五项管理》内容简介

本书从五个方面阐述了打造职业化团队的管理方法：目标管理、团队精神管理、执行力管理、责任管理、结果管理，以此对团队运营和团队成员的能力提出要求。全书的内容是以经典的案例开篇，使每一个读者可以从故事中领略到管理的奥妙，经过对案例的分析，给出最恰当的管理方法。用最浅显易懂的语言概括出了管理团队的精髓，旨在让每一个读者明白，打造职业化团队并不是深不可测的。

作　者：刘逸舟　　　定　价：35.00 元

出版社：中国财富出版社

《说服的力量》内容简介

是否具备说服的能力决定了你生活的顺利程度、决定了你事业上的发展、决定了你是否是个具备影响力的人，甚至决定了你能否掌控自己的人生。掌握了说服力的人，能够使他人遵从自己的意愿，能够使他人自愿地帮助自己，能够把陌生人变成好友，把冲突化解为无形，使家庭中的关系更加和谐。

本书全面揭晓说服中的奥秘，通过专业的分析与归纳，帮助你建立自己强大的说服力和影响力，使你避免在人群中人云亦云、随波逐流！

作　者：刘星　　　定　价：32.00 元

出版社：中国财富出版社

《职场 360 度沟通：职场人交流得力的完全沟通术》内容简介

人脉是成功的关键。那么，这人脉从哪里来呢？需要你去开发、去构建，方法就是发挥自己的心思，抓住遇到的每一个人，去好好地沟通、交往。良好的人际交往能力是形成雄厚人脉资源的不可缺少的要素。本书即讲述了各种最适合职场达人或菜鸟们学习、运用的沟通技巧，掌握这些沟通技巧，即会成为打遍职场无敌手的精英高手。从现在开始，努力修养自己的沟通能力，成为战无不胜、可以搞定任何人的职场达人吧。

作　者：蒋巍巍　　　定　价：32.00 元

出版社：中国财富出版社

《冲突管理：化冲突为转机的 9 个步骤》内容简介

现代商业社会竞争日益激烈，企业稳定的重要性不言而喻。不管什么样的企业，都应当及时处理冲突，不让冲突激化，才能有更多的精力提升核心竞争力，从商业大潮中脱颖而出，走上成功的巅峰。在这本书里，我们将为管理者带来全新的思路和手段，从冲突的源头，到冲突的结果，一一为管理者详细解读，彻底解决“冲突到底要怎么管”这一职场难题。

QIYE CHENGZHANGLI SHUJIA
企业成长力书架
助力企业成长

中国财富出版社
北京联大文化
联合出品

作　者：张友源　　**定　价：**29.80 元

出版社：中国财富出版社

《左脑情绪管理　右脑压力管理》内容简介

大脑是人体的中枢，人生所追求的工作幸福、生活幸福，其实都隐藏在人类的大脑中。本书的独到之处在于提出了人类大脑的功能分区问题，主张每一个人都应该科学地使用好自己的左右脑，以使自己生活得幸福，在工作中享受到幸福感。作者认为，人类的左脑控制着情绪，而右脑则控制着对压力的感受，当左右脑彼此结合起来使用或交替使用时，就可感受到幸福，由此而揭示了幸福的神秘密码。

作　者：杨长征

定　价：35.00 元

出版社：中国财富出版社

《领导三斧半：100% 实现目标的领导智慧》内容简介

什么样的领导才能带领团队走向成功？如何做才能称得上是“优秀领导”？本书从古代名将——程咬金的“三板斧”入手，通过形象的语言、生动的案例及清晰的分析，将领导者的工作智慧总结为“领导三斧半”：瞄、抡、砍、变。灵活运用“领导三斧半”，打造名副其实的“优秀领导者”！

作　者：郝枝林　刘飞

定　价：39.80 元

出版社：中国财富出版社

《渠道为王：找对渠道做销售》内容简介

渠道就是市场，占领渠道就是占领市场。本书从 IBM、DELL 等品牌的实际案例入手，揭示了渠道在市场营销过程中的重要意义。通过渠道理论与实践充分结合，指导实际的销售活动，是一本全面解读渠道战略的实战宝典。

作　者：陈星全

定　价：32.00 元

出版社：中国财富出版社

《谈判攻略：销售这样谈最有效》内容简介

本书是一本结合销售实践和谈判技巧的实用工具书，对销售谈判人员在谈判过程中的不同阶段、消费者的不同心理，以及谈判者应该怎么去面对客户等方面都作了详细的介绍，内容通俗易懂，栏目设置精彩纷呈，可以帮助销售人员从根本上理解销售的本质，提升自我销售境界，对销售谈判人员的工作具有指导作用。

QIYE CHENGZHANGLI SHUJIA
企业成长力书架
助力企业成长

中国财富出版社
北京联大文化 联合出品

作　者： 吴群学　　**定　价：** 32.00 元

出版社： 中国物资出版社

《学规则　融团队》内容简介

当你进入一个团队，而自己又不能改变团队的规则，学习和适应规则就成为你进入团队的必修课。记住：学习规则，融入团队，你才能快速地进入职场人的角色。

团队内部的一切问题都来源于规则问题。认识规则、把握规则、利用规则，最终同规则融为一体，才能在职场生存并不断前进。本书将告诉你后 80、90 后职场人快速成长的法则！

职场就是：学规则、用规则、造规则！团队就是：先融入、再切入、后深入！

作　者： 蒋巍巍

定　价： 32.00 元

出版社： 中国物资出版社

《左右逢源：职场人际关系的 9 堂课》内容简介

在职场上，你是否会担心孤立无援？是否会羡慕那些在人际关系上有特别天赋的人？是否希望为自己赢来良好的人际关系？职场成功又该如何界定？本书从职场里的一个个鲜活案例入手，生动地展示了职场中的沟通技巧，让你学会在职场中左右逢源，用人际打开晋升之门。

作　者： 于飞

定　价： 35.00 元

出版社： 中国物资出版社

《向大客户要业绩》内容简介

抓住大客户，就抓住了大订单，抓住了高业绩，抓住了职场前景。所以，抓住大客户是每个销售人员的目标。然而要如何抓住大客户呢？这就是本书的价值所在。应对大客户的方方面面都需要更巧妙的技巧和方法，本书从 20/80 法则入手，帮助销售人员降低在销售工作中的成本投入，并提高能效产出，让销售人员掌握搞定大客户的技巧，在最短的时间拿下最大的订单。

作　者： 马斐

定　价： 32.00 元

出版社： 中国物资出版社

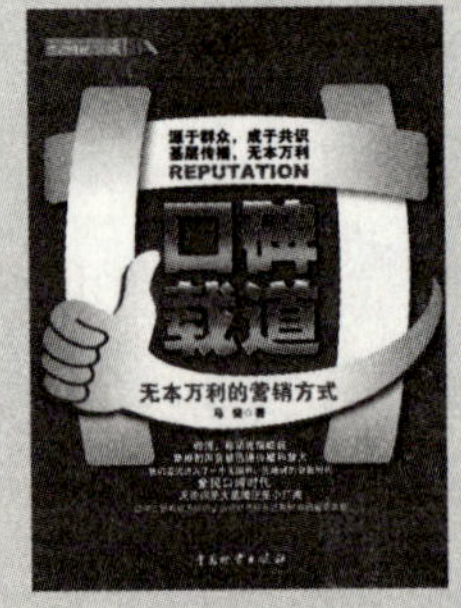

《口碑载道：无本万利的营销方式》内容简介

对于所有企业的市场营销人员或是管理者来说，关注品牌形象和品牌发展，不如先好好了解一下如何做好口碑，这里面的门道究竟几何。本书从各大品牌口碑营销的经典案例着手，透析各家口碑营销之道，从中总结经验和技巧，提示企业市场营销人员及管理者，口碑营销是一门科学，必须认真学习和把握。

助力企业成长

中国财富出版社
北京联大文化 联合出品

作　者：袁一峰　　**定　价：**32.00 元

出版社：中国物资出版社

《卓越从敬业开始》内容简介

爱一行才能干一行，专一行才能精一行。懂得敬业的人生是充实、美丽而快乐的，也唯有如此，才能真正脚踏实地、一步步走向卓越，成为一名卓有成效的员工。本书的出发点就在于让长期停滞不前的职场人士迅速找到桎梏自己职场步伐的原因；牢牢把握鞭策自己敬业而需掌握的心理；轻松学会被细化的、实践性极强的敬业“守则”，最终达到成就卓越的目的。

作　者：吴群学

定　价：32.00 元

出版社：中国物资出版社

《管理就这几招》内容简介

管理说难也难，说简单也简单。本书告诉你，只要掌握 4 招，就能将管理化繁为简，轻松搞定各种企业的各种管理难题。全书以“理论 + 实践”的板块构造为你呈现了企业管理者这一特殊角色所应该具备的各种能力、工作方法和技巧。因此，这是一本现代管理领域的实用之作。

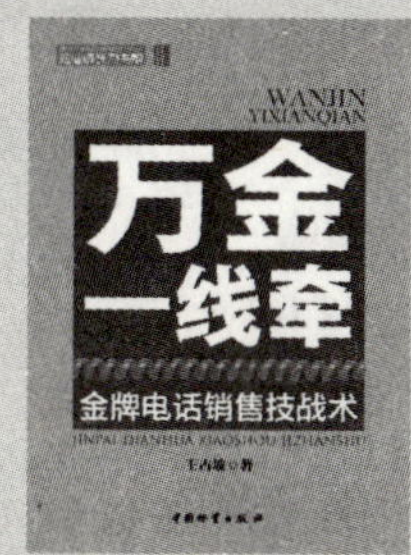

作　者：王占坡

定　价：32.00 元

出版社：中国物资出版社

《万金一线牵》内容简介

与客户打着电话开怀畅谈，没有紧张的开场白，没有局促的自我介绍，气氛和谐又温馨，订单随着电话的结束而落下了成功的定音……这就是电话销售。可能吗？请你不要怀疑这样的场景，因为它真实地发生在我们身边。怎么办到呢？秘诀就在你手中的这本书中。

作　者：马斐

定　价：32.00 元

出版社：中国物资出版社

《赢在谈判》内容简介

我们现在所生活的时代是一个随时随地都可能需要谈判的时代，特别是销售人员更是需要用日复一日的谈判来为自己赢得订单、提高业绩、提高收入、表现能力，令上级刮目相看，得到晋升的机会。本书就是力求让每一位“力拼业绩”、想要在工作中扶摇直上的有志之士可以成为谈判高手，为自己、为公司争取更多的利益。因此，本书是你谈判桌上一本智囊宝典。

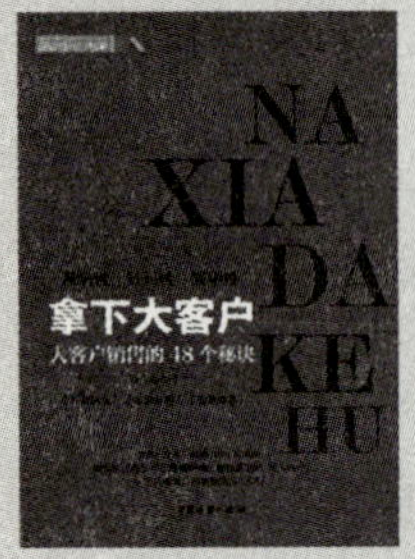

作　者： 马斐　　**定　价：** 32.00 元

出版社： 中国物资出版社

《拿下大客户》内容简介

企业的大多数利润是靠 20% 的大客户来赚取的。一个企业要发展，就需要有相当的利润作支持，而大客户是企业的利润源泉，生存和发展的助推器。如何获得大客户的签单？如何有效应对大客户的各种要求与质疑？请你不要着急，因为你手里的这本书已经为你考虑到了，并提出了相应的解决方案供你参考。

作　者： 覃曦

定　价： 32.00 元

出版社： 中国物资出版社

《服务制胜》内容简介

服务是一个长期工程，不能掉以轻心，也不能因循守旧，我们必须时时刻刻为客户着想，发自内心地为客户服务，真诚地为客户解决问题，注意细节，勇于创新，给客户提供最周到的服务。

本书分节介绍了各种服务法则，详细地帮助你解决服务过程的种种困扰，让你学会怎样达到客户的要求。

作　者： 向成学

定　价： 32.00 元

出版社： 中国物资出版社

《成交从异议开始》内容简介

本书专门针对客户常提出的各式各样的异议提供有效处理的策略与方法。书中列举了大量的销售案例，并大多以情景模式展开，目的便是更好地通过情景模拟来诠释异议处理的策略精髓。如果你还在为客户所提出的各式各样，甚至是千奇百怪的异议、意见、问题而感到头疼，或者说备受困扰，迫切地想要找到解决方法，那么，本书将为你结束困扰。

作　者： 曾展乐

定　价： 32.00 元

出版社： 中国物资出版社

《成交赢在心态》内容简介

心态是一个人一切言行的控制按钮，这个按钮决定着你生活中的一切。你的心有多高，你就能飞多高。只要拥有自己坚定的信念，不管在什么时候也不会被挫折打倒，你不再是一个弱者，而是一个能够改变自己生活的强者。

让你一步步改变自己的生活，让你成为销售中的强者，看本书怎样为你解答，相信你的选择，一定不会让你失望的。

QIYE CHENGZHANGLI SHUJIA
企业成长力书架
助力企业成长

中国财富出版社
北京联大文化 联合出品

作　者：张野　　**定　价：**32.00 元
出版社：中国物资出版社

《成交无限》内容简介

销售员在与客户沟通的过程中，80% 的客户或多或少会感到一些反感，这些反感有时会以某种形式表现出来，有时也会隐藏在客户的心里，成为与客户沟通过程中的最大屏障。那么，是什么原因引起的这种情况呢？面对这种情况该怎么处理呢？相信这本书的 55 个技巧对于需要与客户沟通的人将会非常有用，它对于我们与客户将是一个全新的桥梁。

作　者：姜登波　李华
定　价：32.00 元
出版社：中国物资出版社

《赢在管理》内容简介

本书通过对企业管理深入地剖析、分解，找出企业管理误区，并针对企业管理容易疏漏的地方进行填补，是每个企业管理人员手中的指南针，能够帮助迷途创业的人员找到扎营的地点。书内所阐述的问题新锐、真实，解决方法快速、简便，是现代企业领导者所不能缺少的良师益友，能够教导企业领导者如何做“泥菩萨过河，有招可取”的智人。

作　者：文征
定　价：28.00 元
出版社：中国物资出版社

《做世界上最优秀的员工》内容简介

世界 500 强企业集聚了世界上最优秀的人才。你想成为世界 500 强企业中的一员吗？你想知道世界 500 强企业最欢迎什么样的员工吗？你想知道为什么有的员工能够进入世界 500 强企业，甚至会经常受到众多世界 500 强企业的高薪聘请吗？那么，请看本书为您提供的这 7 种工作习惯，它将为您搭建登上世界 500 强这一豪华巨轮的台阶。

作　者：邹金宏
定　价：32.00 元
出版社：中国物资出版社

《麦当劳成功的启示》内容简介

麦当劳是世界 500 强企业之一，有超过一百万的员工，已经在全球 121 个国家设有超过 31000 家快餐店。麦当劳是一个企业，也是一个王国，一个跨区域的王国。是什么原因让麦当劳如此庞大？如此成功？如此奇迹？它到底运用了什么方法？本书通过最真实的笔触，为你提供很多麦当劳成功的智慧和秘诀，使你从中获得有益的知识、借鉴和启发。

助 力 企 业 成 长

中国财富出版社
北京联大文化
联合出品

作 者：王一恒　　定 价：29.80 元

出版社：中国物资出版社

《这样沟通最有效》内容简介

在与人沟通时，需多留心一下沟通技巧。对于管理者来说，掌握全方位沟通技巧就成了必修课。

本书通过轻松幽默的语言、丰富的故事，将沟通能力细化为 13 个方面，提供了一整套即学即用的管理沟通技巧。全书包括表达、倾听、反馈、批评、赞扬、说服、处理冲突、不同场合、不同对象、不同渠道等沟通技巧，教你如何选择恰当的沟通渠道和沟通方法，怎样依据沟通对象的性格类型选择沟通策略。

本书提供的全方位沟通技巧，既能让你与不同性格的下属进行有效沟通，又能确保你沟通的高效。

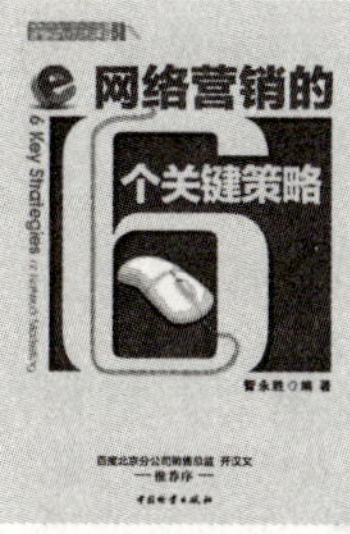

作 者：管永胜

定 价：42.00 元

出版社：中国物资出版社

《网络营销的6个关键策略》内容简介

本书作者曾任紫博蓝大客户总监，慧聪网产品总监，网罗天下广告媒介总监，《宠物世界》杂志社运营总监。

众所周知，网络已经渗透到我们工作、生活的方方面面，所以无论你作为一个企业主或从事营销相关的工作者，如果不懂得网络营销，我可以很肯定地告诉你：你失去的将是一个时代！基于此，管永胜通过十多年从事网络营销的经验和潜心研究，提出了从“网络营销”到“网络赢销”的新模式——AISCAS 模式！这一模式的提出将为你实现“网络赢销”提供新的启示。

作 者：吴永生

定 价：26.00 元

出版社：中国物资出版社

《这样授权最有效》内容简介

只有授权，才能让权力随着责任者；只有权、责对应，才能保证责任者有效地实现目标。授权不仅能调动下属积极性，也是提高下属能力的途径。

管理者一定要明白：自己的双眼永远要比双手做的事多。

本书立足于中国人思维模式，汲取西方之精华，注重实操性，让管理者即学即用。

作 者：李金玉

定 价：36.00 元

出版社：中国物资出版社

《激活你的团队》内容简介

员工激励是企业的永恒话题，更是企业长盛不衰的法宝。激励的技巧像一团云雾，很难掌握。同一个人，以同样的语速，对不同的人说同样的话，产生的影响可能是不同的。本书中，我们从 14 个方面对激励的技巧进行了全面的剖析，并且针对不同的人和企业设计了个性化的激励方案，希望能通过这些激励的技巧给企业的管理者一些启示。